奇跡を起こす
たった1ページのノート術

知的生活追跡班〔編〕

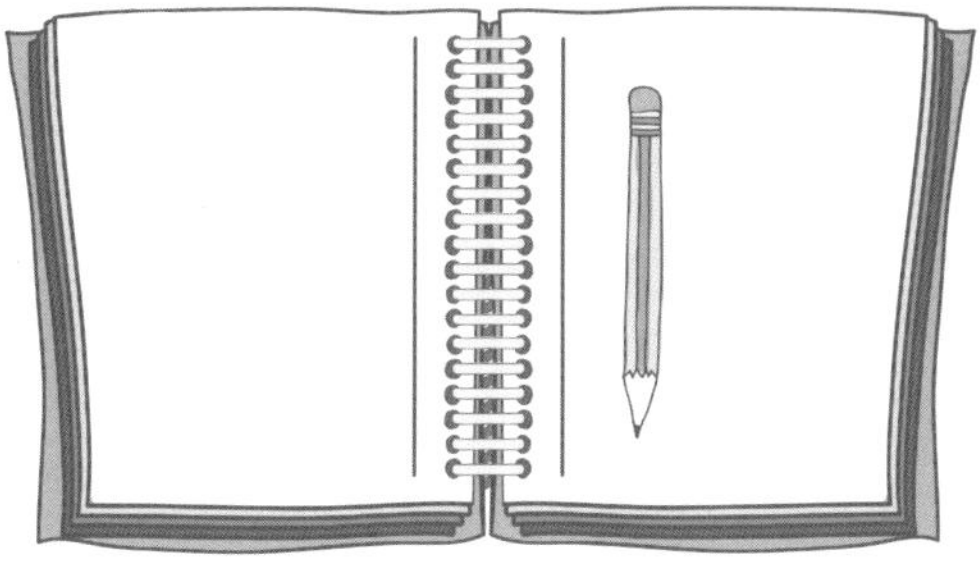

青春出版社

はじめに　たった1ページで人生が変わる!

ノートの使い方ひとつで人生が変わる、しかも、たった1ページで奇跡が起こせるというと、そんなのあり得ないという人もいるだろう。でも、ノートの使い方をちょっと工夫するだけで間違いなく昨日とは違う自分に気づくはずだ。

たとえば、ノートの真ん中にタテ線を1本引くだけで、自分だけの「オリジナルノート」をつくったり、失敗を次に生かすための「問題解決ノート」や「ダメ出し専用ノート」にしたり、美文・名文をノートに書き写したりするだけでも、仕事や勉強に対するメンタリティが違ってくる。

つまり、ノートの使い方を意識的に変えるだけで、予想を超える〝ポジティブな結果〟が生まれるのだ。

まずは1冊のノートを用意して本書で取り上げる「やり方」を実践してみてほしい。たった1ページで、あなたを変えるノートの使い方がきっと見つかるはずだ。

２０１７年３月

知的生活追跡班

奇跡を起こすたった1ページのノート術◇目　次

2章

なぜか一目置かれる、たった1ページのノート術【応用編】 43

3章

アイデアのプロが実践する、たった1ページのノート術 67

4章

５章

最短時間で結果につなげる、たった1ページのノート術 123

6章

人生を変える、たった1ページのノート術

カバーイラスト提供／grmarc/shutterstock.com
本文イラスト／川村易
／須山奈津希
／モリモト・パンジャ
ＤＴＰ／ハッシィ
／山田貴子
制作／新井イッセー事務所

本書でおすすめする

たった
1ページの

ノート

Ａ４とＡ６サイズのノートを使いこなす

学生時代に使っていたノートといえば、Ｂ５サイズが多いはずだ。コンビニなどのちょっとした文具コーナーで、もっともたくさん並んでいるのがこのサイズだ。

しかし、品揃えの多い文具店に行ってみると、さまざまなサイズのノートが売られている。その中から本書では、用途に合わせてＡ４やＡ６サイズのノートを積極的に使ってみることをおすすめしている。

Ａ４サイズは一番よく使われているＡ４のコピー用紙と同じサイズなので、資料をはさんでおいたり、ページを２枚張り合わせて〝収納ポケット〟をつくったりもできる。

資料を管理するのにはとても便利だし、ノートとしては何より使い勝手がいいのがこのＡ４サイズなのだ。

〈サイズ〉

もっとも一般的な大学ノートサイズ。５冊セットで売られていてリーズナブルなので、記録用にぴったり。

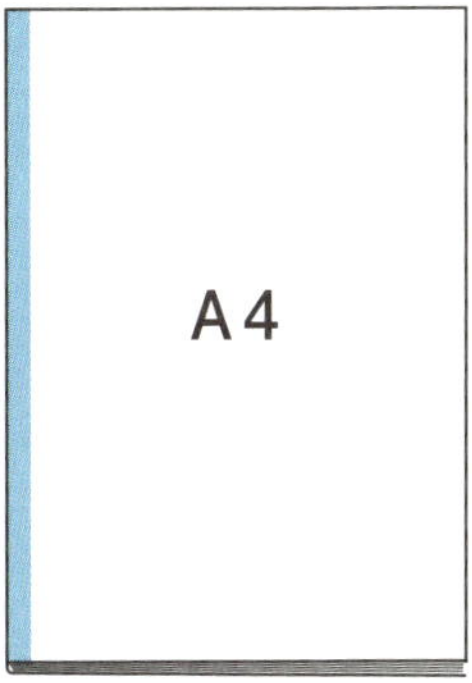

Ｂ５サイズよりひとまわり大きい。A4のコピー用紙と同じ大きさなので管理がしやすい。

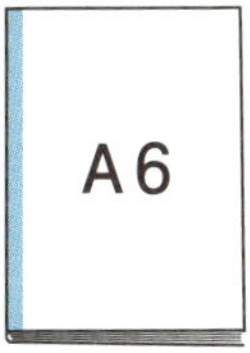

Ａ４サイズの４分の１の大きさ。コンパクトで持ち歩きやすい。

その他に

ふせん

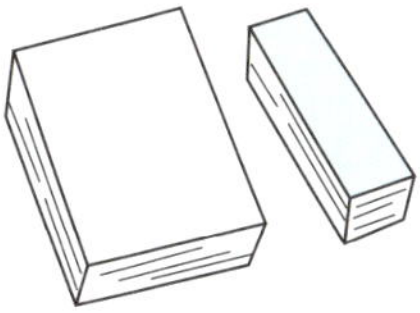

ポケットサイズ手帳

単語カード

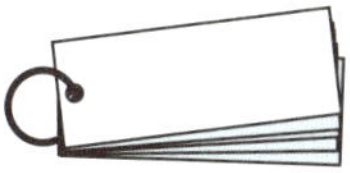

など

またＡ６は、ノートを閉じた状態でＡ４の４分の１のサイズとコンパクトで、見開きならＡ４の半分の大きさになる。

つまり、持ち歩くのに便利なうえ、書き込むスペースにも余裕があって意外に使いやすいのである。

さて、そこに何を書くのか、どんな情報を管理するか、デスクの引き出しにしまっておくのか、あるいは持ち歩くのか…。たった１ページの使い方さえマスターすれば、ノートは人生の可能性を無限に広げてくれるはずだ。

見開きなら1ページとして使える

ノートといえば、ヨコに罫線が引いてあるのが一般的だが、罫線にとらわれ過ぎて自由に書くことができないのであれば、小学生が使う「自由帳」のような真っ白なノートを使うという手がある。

これなら、どこから書き始めようと、タテに書こうと、斜めに書こうと自由だ。

〈用紙〉

7 mm 罫

……… ごく一般的な幅の罫線なので、書いた文字が読みやすい。

方眼紙

……… 上下左右に余白がなく、全面にタテとヨコの罫線が入っている。

白紙

……… 子供の「自由帳」のように、罫線が入っていない真っ白なタイプ。

絵やイラストを描いても罫線がじゃまにならないし、発想を高めたいときなどには力を発揮してくれるスグレモノなのである。

逆に、保存用として丁寧にノートを作りたいというときには、方眼用紙のノートがおすすめだ。タテとヨコの罫線を生かせば表やグラフ、地図なども描きやすく、罫線が左右のページにつながっているので、見開きを1ページとしても使える。

もちろん、ヨコの罫線が入ったスタンダードなノートにも、使っている人の目が疲れにくい色の罫線が使われているなど工夫も多く、まっさらなノートを一冊常備しておけば何にでも使えて便利である。

本書では、それぞれの用途に合わせて最適と思われる「たった1ページのノート術」を紹介している。いろいろなタイプのノートを試してみて、自分にぴったりなマイ・ノートを作成してほしい。

1章

頭をスッキリできる、たった1ページのノート術

【基本編】

使い終わったノートは目次をつけて資料集にする

真新しいノートを買ったとき、どのページから使い始めているだろうか。ノートをムダなく使うために最初のページから書き始める人が大半かもしれない。

だが、とくに資料や情報をまとめて保存用にしたいノートの場合は、最初のページからいきなり書きはじめるのではなく、**最初の1、2ページは白紙で残しておきたい**。こうしておけばノートを使い終わったあとに**〝目次〟**を作れるからだ。

目次とは本文中のタイトルを書き出したものだが、書籍でも雑誌でも必ずといっていいほど冒頭に目次が設けてあるおかげで、読みたいページをすぐに探せる。

そこで、ノートにも1ページの目次をつけてこれと同じ効果を狙うのである。

ただし、目次といっても書籍のようにそれぞれのタイトルにページをふったりする必要はない。そんな手間をかけなくとも、自分がとったノートはある程度内容を覚えているはずだから、**ノートの中味のタイトルを順番に書き出しておく**だけで十分である。

資料として使うノートには、必ず目次ページを作る

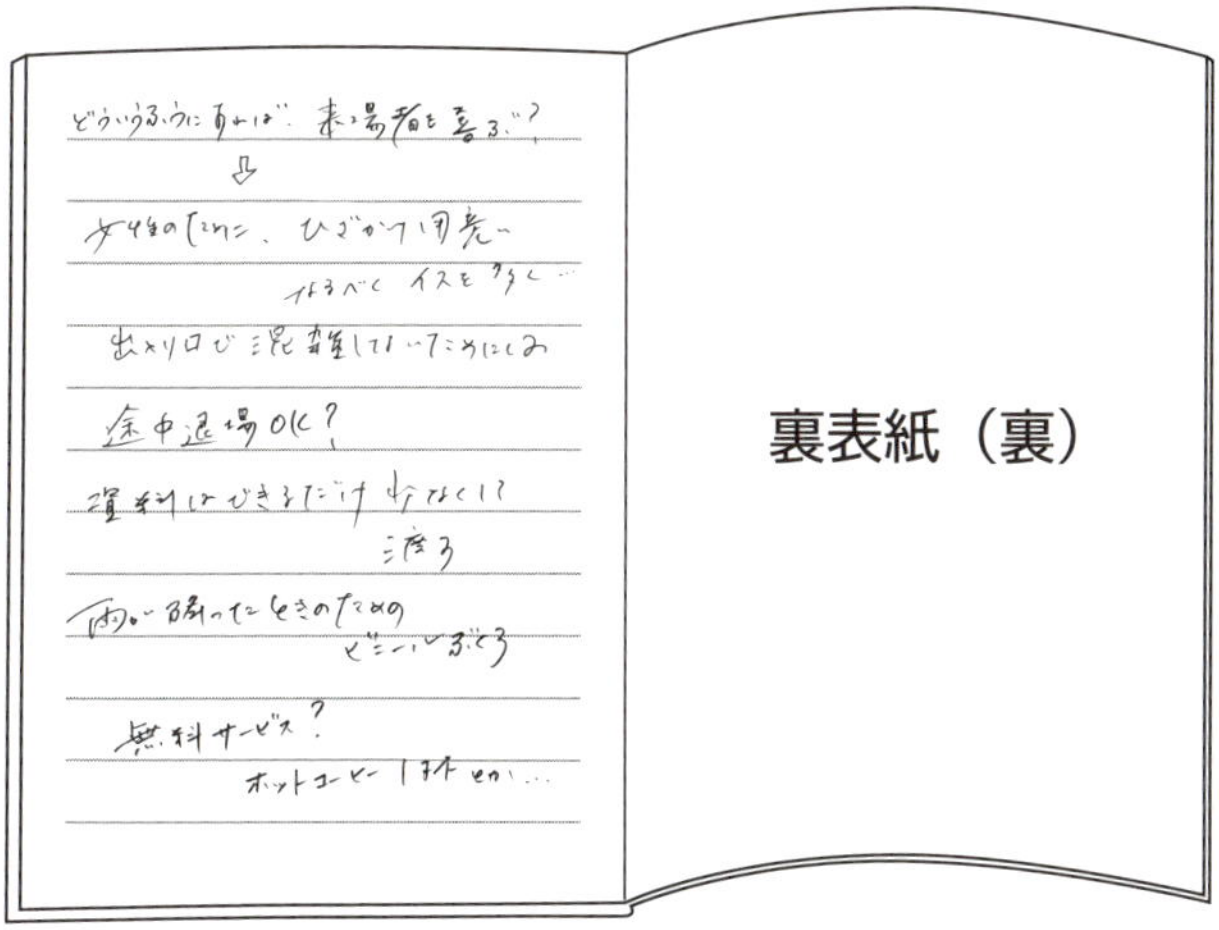

ノートを最後まで使い終わったら

↓

1ページ目に戻ってタイトルを順に書き出す

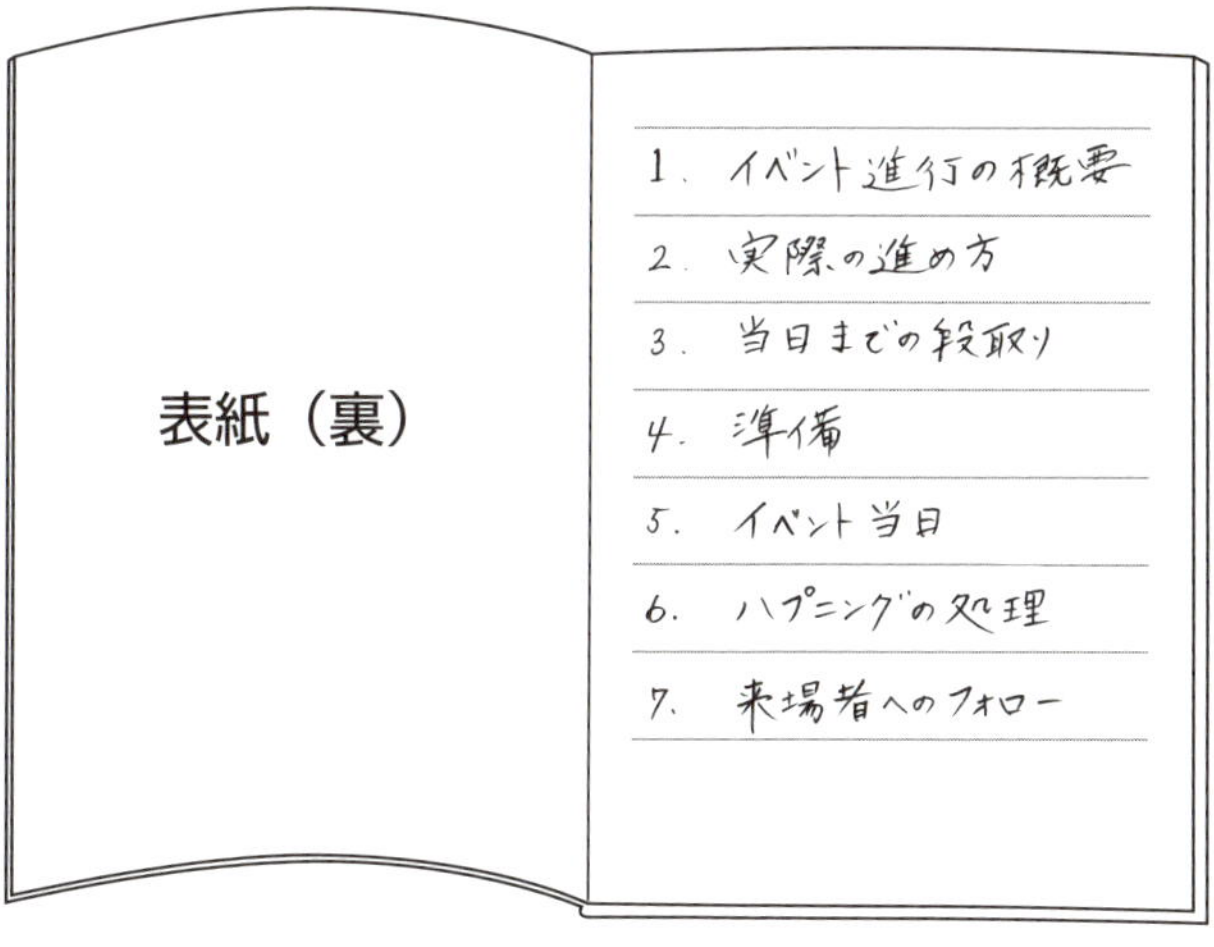

タテ線1本で左右に2分割する

「縦分割法」と呼ばれるノートの活用法がある。あらかじめノートの中央にタテの線を1本引いて左右を2分割し、そこに講義の内容などを書いていくのだ。

学生たちにとっては定番のノート法だが、一般には意外と知られていない。この縦分割法のメリットは**タテ線を1本引くことで1行の長さを半分にして、一度に目に入る文字量を増やせる**ことだ。しかも、驚くほど**書くスピードが上がる**のである。

たとえば、タテ線を引かないでノートをそのまま使ったとしよう。すると、ノートをとるにもページの左端から右端まで手を動かさなければならない。さらに、書いた文字がいっぱいに広がるため、これを読もうとすると視線も左右いっぱいに行ったり来たりする。

ところが、タテに線を1本引くと、ページの真ん中で下の段に文章が移動するので、手も視線もあまり移動させなくて済む。集中力も増して短時間で内容を理解できるようになる。

縦分割法のもうひとつの優れた点は、**ノートを自分流にアレンジできる**ことだ。つまり、

1ページをタテに2分割すると書きやすく、読みやすい

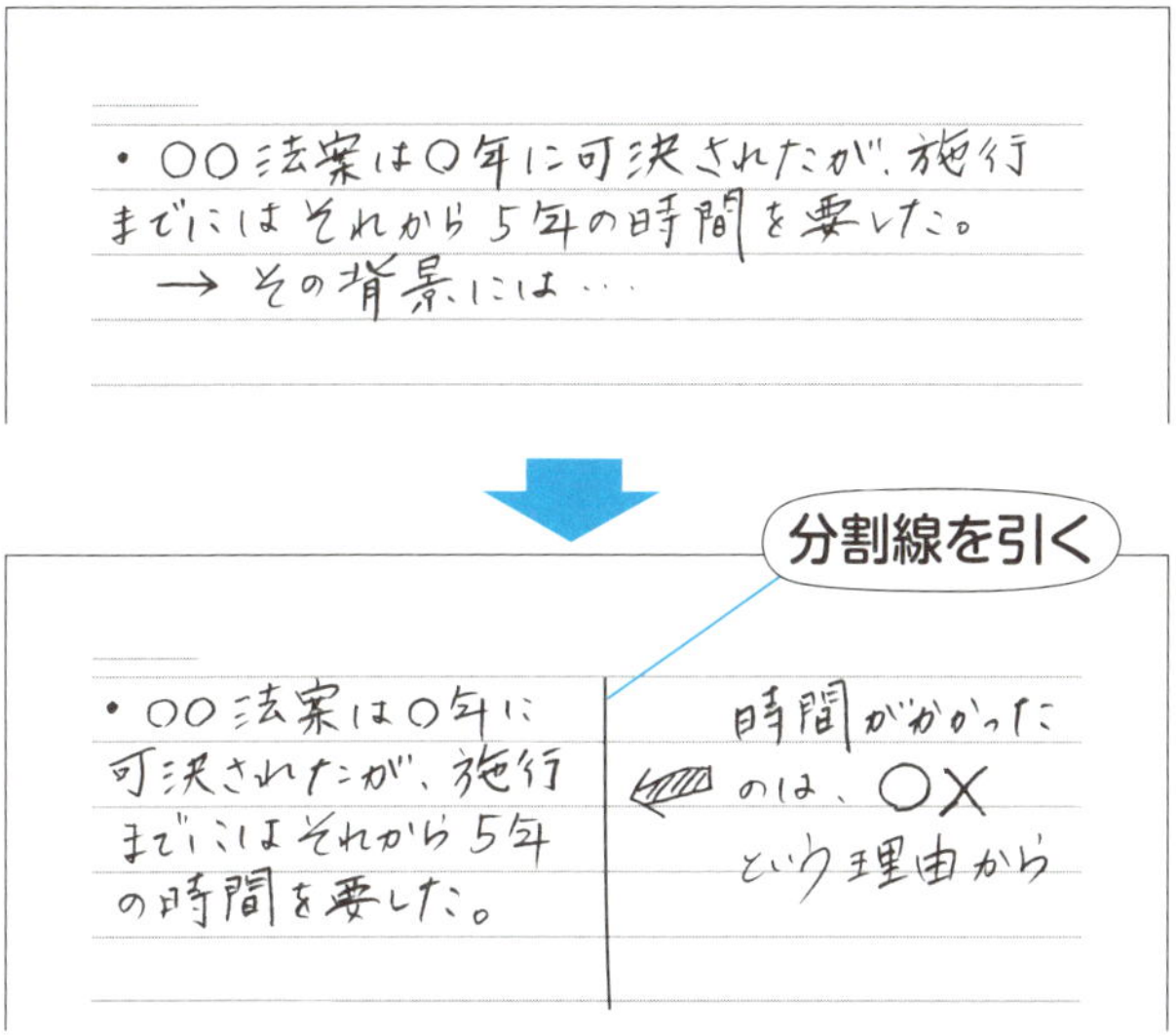

1ページを半分に分割するので左右を別々の用途で使い分けられるのである。

たとえば、ビジネスパーソンなら左半分に会議の内容を書き、右半分に疑問点やキーワードなどの解説をメモしておくこともできる。左半分を会議用のノートとして使い、右半分は〝アイデア帳〟にしておいてもいいだろう。

多くの人は左から右まで文章で埋め尽すものと思っているが、読みやすさと書きやすさを追求すると、**1行あたりの長さは短いほうがいい**。

1ページにタテ線を入れて2分割するだけで、使い勝手と効率は何倍にもアップするのだ。

1ページにひとつの切り抜きでポイントを一瞬でつかむ

新聞や雑誌などを読んでいて、仕事に使えそうなデータや資料などを見つけたときは、情報の量や質にかかわらず、その記事を切り抜いたりコピーしたりして、必ずノートにスクラップしておくようにしよう。

ただし、そのまとめ方にはポイントがある。

まず、ノートの左ページに大きくタイトルを書いて切り抜いた記事を貼り、右ページにそのポイントや関連事項などを書き出していくのだ。

つまり、見開き単位でまとめるようにするわけだが、こうしておくとページを開いただけで、そこに貼ってある切り抜きの内容が一瞬でわかるようになる。

ちなみに、貼り込みをしたあとに余白があるからといって、1ページに2つも3つも切り抜きを貼るのはよくない。ポイントは、「1ページにひとつ」の切り抜きしか貼らない「シンプルノート」づくりにすることだ。

スクラップは見開きで管理する

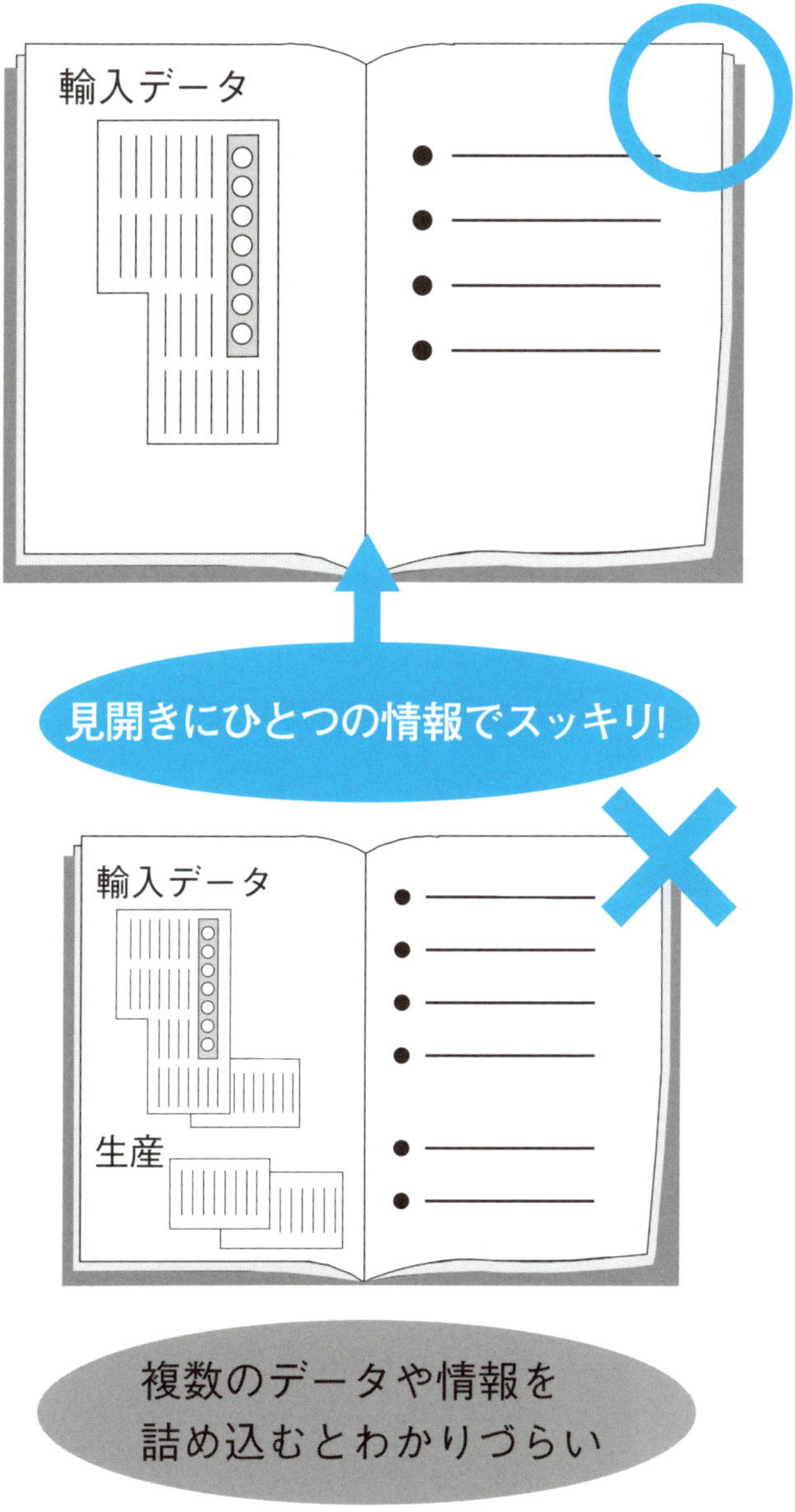
輸入データ
見開きにひとつの情報でスッキリ!
輸入データ
生産
複数のデータや情報を
詰め込むとわかりづらい

なぜかというと、余白までギッシリと埋めてしまうと見やすさが損なわれ、どこに何を貼り込んであるかがわからなくなってしまうからだ。

そのために見開きの左ページにあえて大きくタイトルを書いて、わかりやすくしているのである。このノートを作るときは、とにかくシンプルに徹するべきだ。

また、ボリュームのある切り抜きもこの方法で整理していくと、右ページに要約やポイントがしっかり書き込まれているので、あとで見返すときにわかりやすくなる。

◆「プチ・データバンク」はA６判で作る

「この新製品は要チェックだな」「このラーメン屋は前から行ってみたかった」「最新のデータが発表された！」——。

新聞や雑誌に気になる記事や情報が載っていると、その部分を切り取って手元に置いておくことがある。だが、切り取ってみたはいいが、いざ読み返してみようと思ったときに限って、どこに切り抜きをしまったのかがわからなくなってしまい、まったく役に立たなかったというケースも多い。

そこで、切り抜いた記事をA６判サイズのノートに貼り、自分だけの〝プチ・データバ

1ページ1情報でまとめる

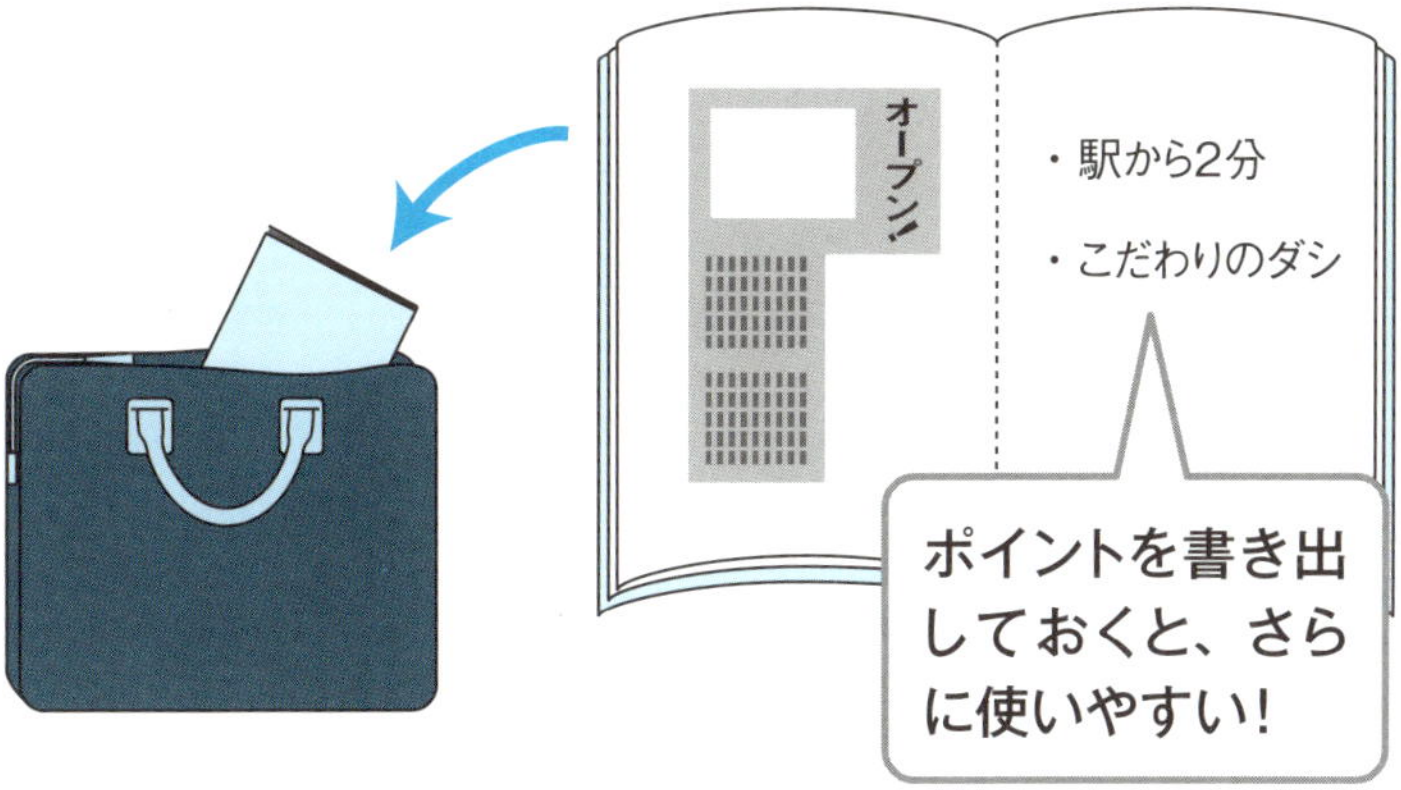

ンク〟を作ってみてはどうだろう。切り抜きが大きい場合は、折りたためばいい。右ページにポイントを書き出しておけば見落とすこともないはずだ。

つまり、前述したように1ページにつき1つのネタを収めたノートを作り、自分だけのお気に入り情報を満載したデータバンクにするのだ。

この場合、ノートのサイズが〝小さめ〟というところがポイントだ。カバンに入れておいてもじゃまにならないから、いろいろなシーンで活用できるのである。

使い方しだいで趣味やレジャーの情報はもちろん、仕事で役立ちそうなネタをまとめて持ち歩くこともできるのだ。

太線と細線を使い分けて重要事項をあぶり出す

ノートやメモをとるときに、**太い線と細い線**を巧みに使い分けるとメリハリがついて見やすくなる。

どういうことかというと、たとえばタイトルの下に太い線のアンダーラインを引いて目立たせたり、また、キーワードや重要事項には細い線でカコミをつけておく。こうすれば、どの言葉が大切かがひと目でわかるのだ。

このちょっとした**〝線使い〟のコツを知る**だけで断然書きやすくなるし、見た目もよくなるのである。

そのほか、集計結果を大きな字で強調してみるのはもちろん、斜めに書いて目に入りやすくしたり、課題や仮説などを太い文字にして目立たせたりするのもいいだろう。

ノートは文字が整然と並んでいればいいとは限らない。アイデアしだいでいくらでも読みやすいノートを作ることができるのである。

メリハリのついたノートの作成例

○月×日／本社会議

山田 営業　担当 △□社　14:00 行く	吉田 営業　担当 ××社　アポ	佐藤 ○○社　専属 □△氏　14:00 TEL
田中 企画　担当 ○×社の 実績調査	山本 決裁書　作成 ○ ○○氏には ××しない ✕ ○×氏に TELする	**ノートは、 太線と細線で メリハリをつけ てまとめる**

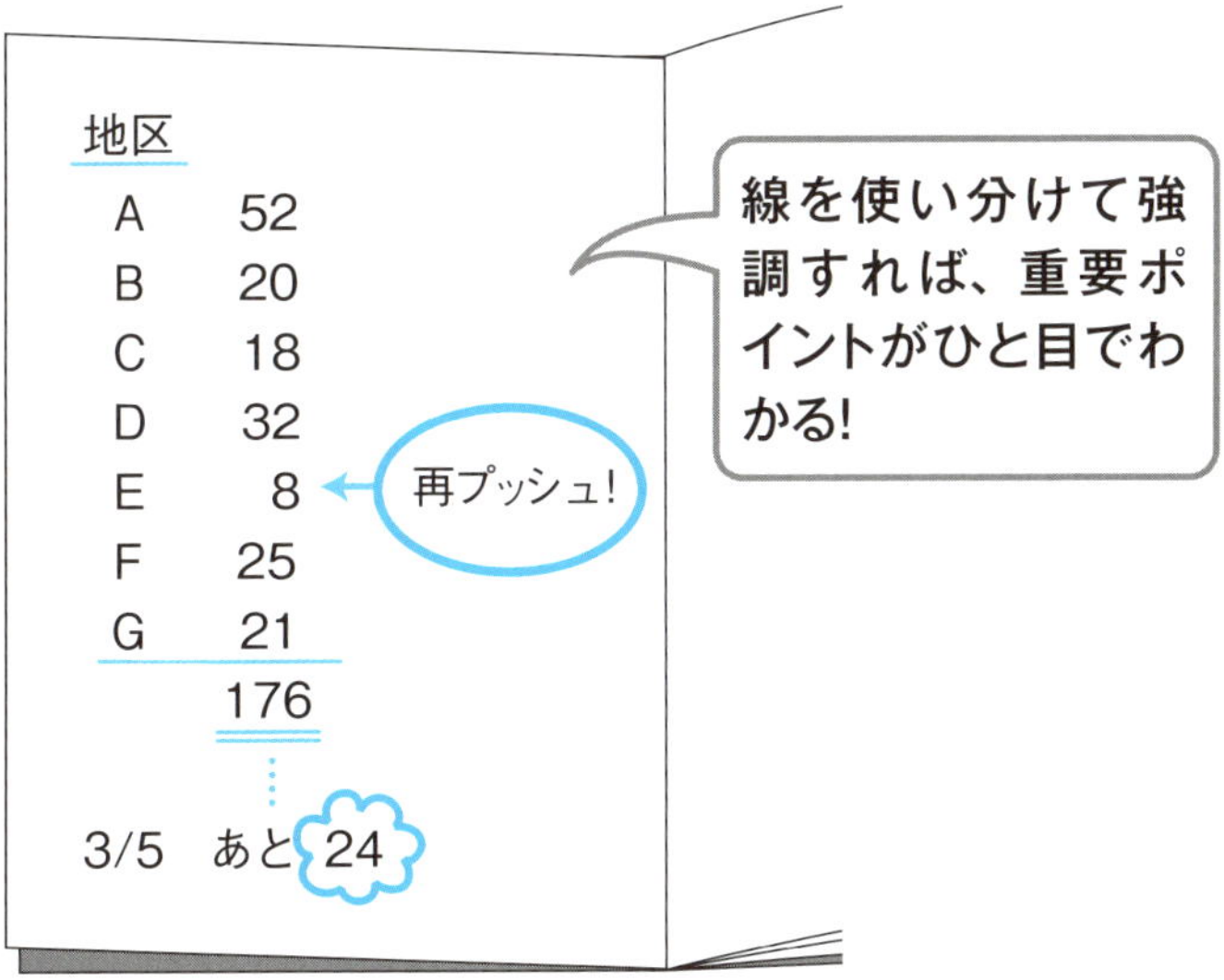

会議用ノートはすべて「1冊」に収める

いろいろな情報を整理するのがうまい人は、その仕事ごとにファイルやノートを作って情報を管理している。これは、たしかに〝整理〟するという意味ではとてもいい方法ではあるが、会議用のノートだけは1冊にまとめて使いたい。

すべての会議の内容を1冊にまとめてしまうと、書いてある内容がごちゃごちゃになって見にくくなってしまうように思うかもしれないが、意外とそうでもない。むしろ、このほうが仕事の効率が高まるのだ。

たとえば、Aというプロジェクトの会議はスタートしたばかりなのでほぼ毎日打ち合わせがあるが、Bのプロジェクトについては、半年後にスタートするため会議は週に1回、さらにプロジェクトCは、まだ企画段階なので月1回しか開かれないとしよう。

このような会議でノートを別々に分けていると、1冊のノートを使い切るまでの時間に大きな差が出てくる。Aのプロジェクトのノートは毎日使うので20日もすれば終わってしまうが、Bのプロジェクトは週に1度なので、同じノートを2カ月以上持ち歩くことになる。さらにCのプロジェクトにいたっては月に1度使うだけなので、すべて書き終わるのに1年以上かかることになる。

　すると、使用回数の少ないノートは見返す頻度が減るばかりでなく、書類の山に埋もれてしまい、紛失してしまう恐れさえ出てくる。たまにノートを開いたときも「これは何のメモだっけ?」と、ノートをとった理由さえも忘れてしまうこともある。

　ところが、1冊のノートにまとめてしまえば、まだ**本格的にスタートしていない仕事でも常に頭の片隅に置いておくことができる**。ふとしたことからアイデアが浮かぶこともあるし、考える時間が長ければさらに精度を高めることもできる。

　また、パラパラとページをめくってノートを見返すことで、**週1回の会議でも前回までの流れを覚えておくことができる**し、問題点や課題があれば時間があるときに考えをめぐらせることもできる。常にたくさんの仕事を抱えている忙しいビジネスパーソンこそ、会議のノートは1冊にまとめたほうがいいのだ。

　ノートはただ記録を残すだけの道具としてだけではなく、常に最新の情報を引き出したり、書き込めるような状態にしておきたいものである。

1ページを3ブロックに分けると頭の中がスッキリする!

大学などの講義ノートのまとめ方として知られている「コーネル大学式ノート作成法」だが、じつはこのノート術、ビジネスパーソンにも参考になる。

まず、1ページを3つのブロックに分けて使うのだ。もっとも大きなスペースは、ふつうに「ノート」として使い、聞いた話や見たことをそのままここに書き込んでいく。

その「ノート」の左側3分の1ほどに「キュー」を作る。このキューに書き込むのは、話のキーワードや疑問点、アイデアなどだ。

そして、ページの下の段の「サマリー」には、ここだけ読めば内容が把握できるように、そのページに書いてある内容全体の要約を書き込む。

会議中にとったノートを見ながら、会議後に今度はポイントとなるキューの部分を書き込み、そして全体をまとめてサマリーを作る。この作業により、何が重要で何を押さえるべきか、会議の内容がきちんと整理された情報として頭の中に入ってくるのだ。

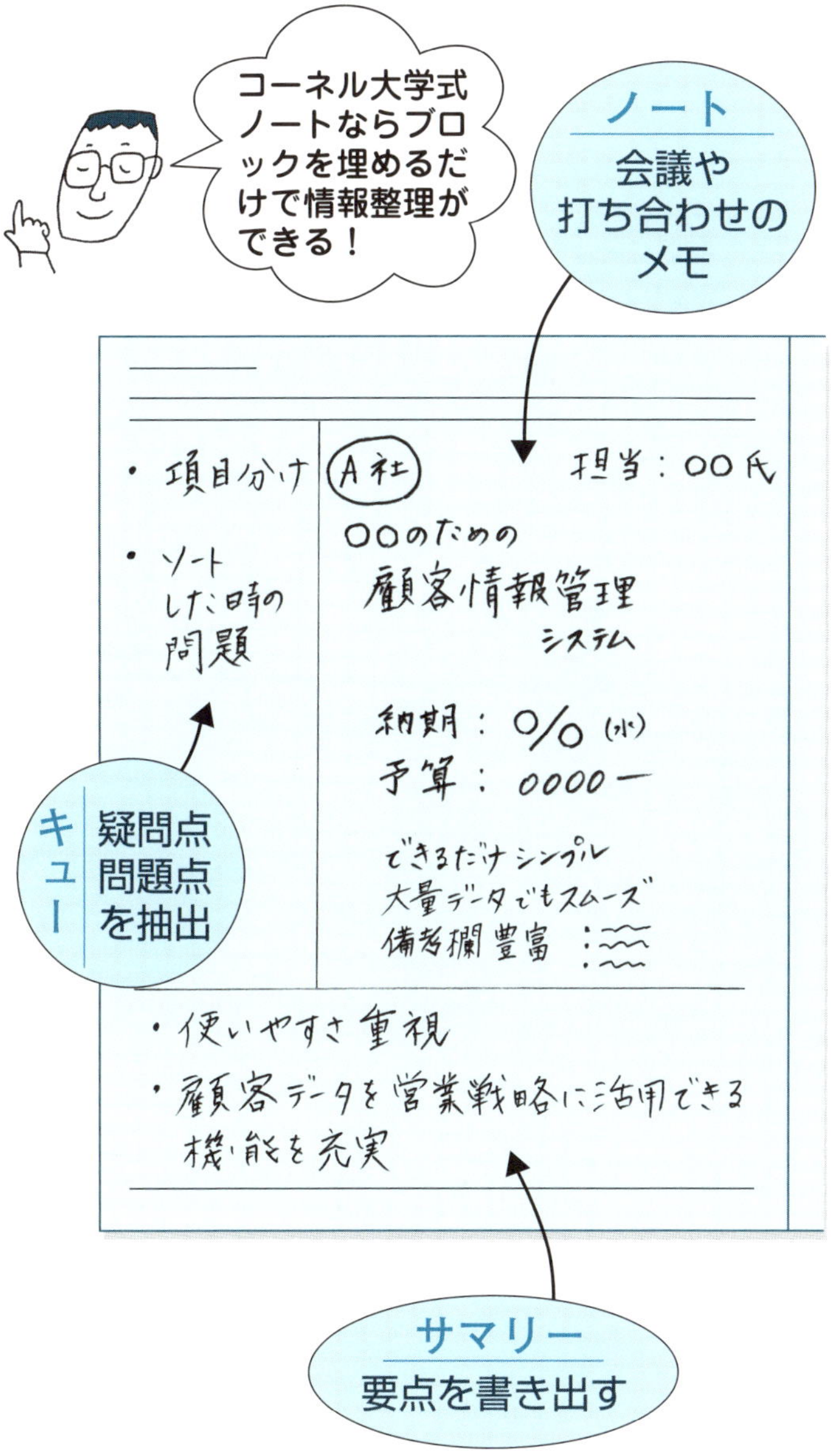
コーネル大学式ノートならブロックを埋めるだけで情報整理ができる！
ノート
会議や打ち合わせのメモ
・項目分け
・ソートした時の問題
A社
担当：○○氏
○○のための
顧客情報管理システム
納期：○/○(水)
予算：0000ー
できるだけシンプル
大量データでもスムーズ
備考欄豊富
キュー
疑問点問題点を抽出
・使いやすさ重視
・顧客データを営業戦略に活用できる機能を充実
サマリー
要点を書き出す

現状分析や対象を比べるには方眼ノートが最適

アイデアを自由自在に膨らませたいときは、書いているうちにキーワードや映像がどんどん浮かんでくる白地のノートがおすすめだ。

しかし、論理的思考でもって系統立てて説明しなければならない企画書のような場合には、**方眼ノートで下書き**をしたほうがいい。

たとえば、「円高になれば海外旅行者が増えて旅行会社が儲かる」ということを「↓」などの**記号を使って書き示す**と、「円高↓海外旅行者増↓旅行会社増益」と、まとめることができる。ようするに、何がどうなったかということをわかりやすく書き出せるのだ。

また、「A社＝成約、B社＝保留、C社＝破談」という結果を分析するときも、この3社を縦に並べてそれぞれの理由を書いていけば比較や検討がしやすくなる。

現状を図式化して分析したり、対象を比較したりするには、マス目の入った方眼紙のほうが圧倒的に効率が上がる。世界が違って見えてくるはずだ。

方眼ノートの使い方

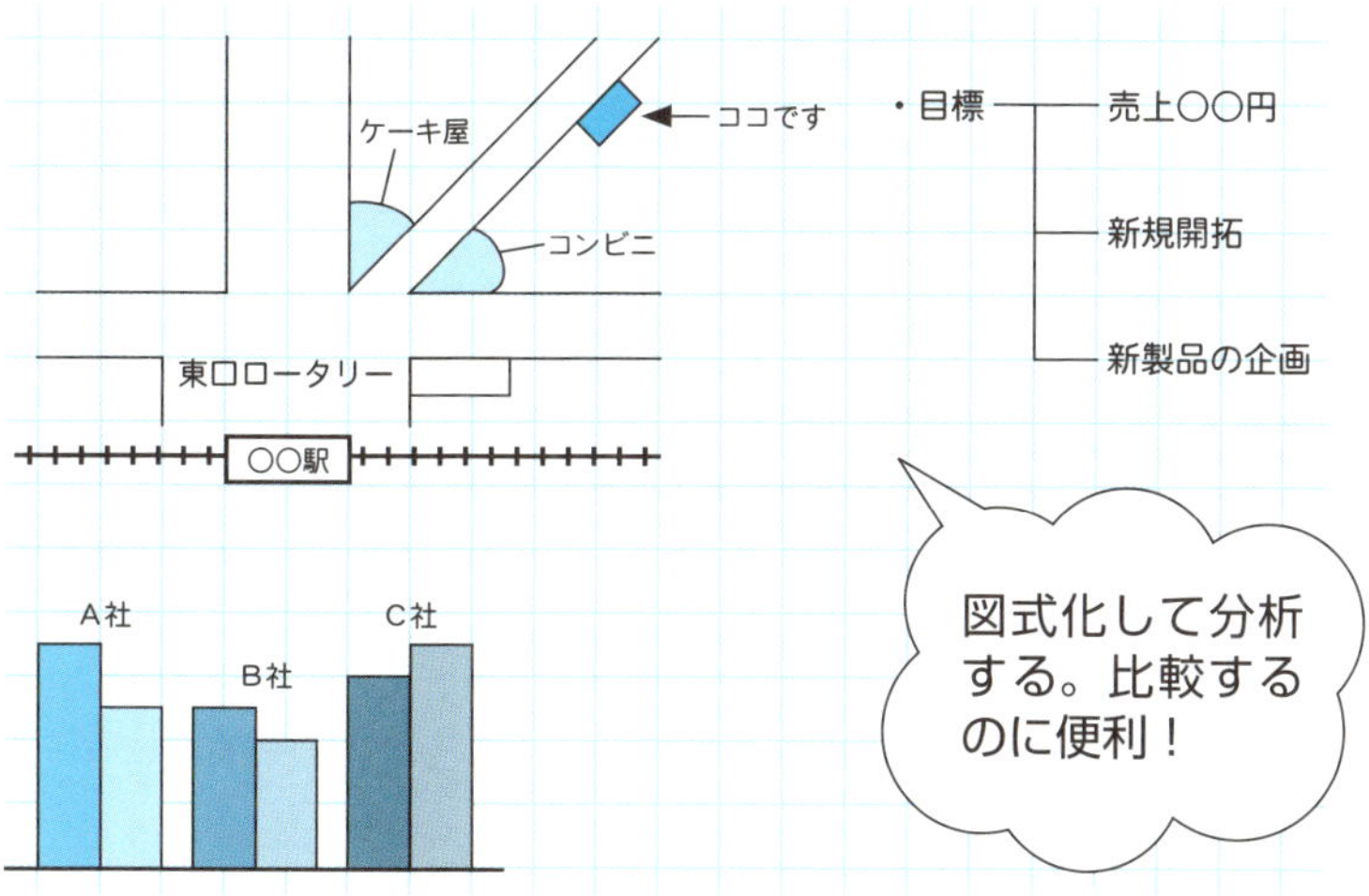
ケーキ屋
ココです
コンビニ
東口ロータリー
○○駅
・目標
売上○○円
新規開拓
新製品の企画
A社
B社
C社
図式化して分析する。比較するのに便利！

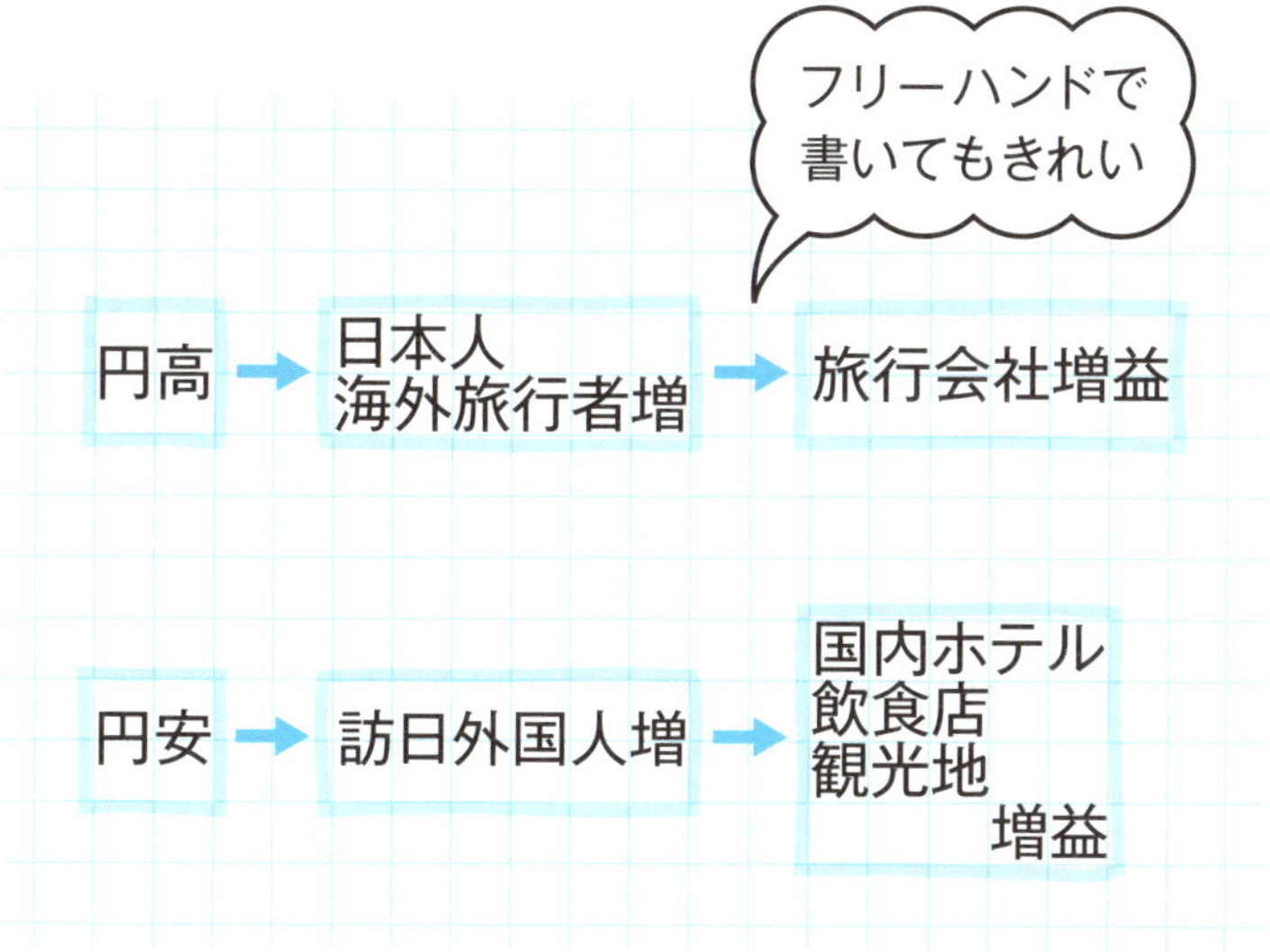
フリーハンドで書いてもきれい
円高
日本人
海外旅行者増
旅行会社増益
円安
訪日外国人増
国内ホテル
飲食店
観光地
増益

持ち運びに便利なミニ方眼手帳は2ページになっても正確に描ける

最近、ビジネスパーソンの間で注目されている方眼ノートや方眼手帳だが、常に持ち歩いて上手に使いこなせるようになれば、これほど便利なものはないだろう。

方眼紙のいいところは、地図や表などを描きやすいことだ。

それだけでなく、字が下手でも**マス目に合わせて書く**だけで、ふだん書いている文字よりも格段にウマく見える。これが意外とうれしく感じるもので、メモをしたいという気持ちがグンとアップするのだ。

また、通勤電車の中など体勢が不安定な場合でも、比較的きれいにメモすることができる。電車の中の吊り広告や、隣の乗客が読んでいる新聞や雑誌の誌面などに仕事に使えるキーワードや図などを発見したら、忘れないうちに書き写しておくといい。

しかも、本書では1ページにひとつの情報を書き入れるのを基本としているが、**見開きにまたがっても左右のラインがつながっているので描ける**のがいいところだ。

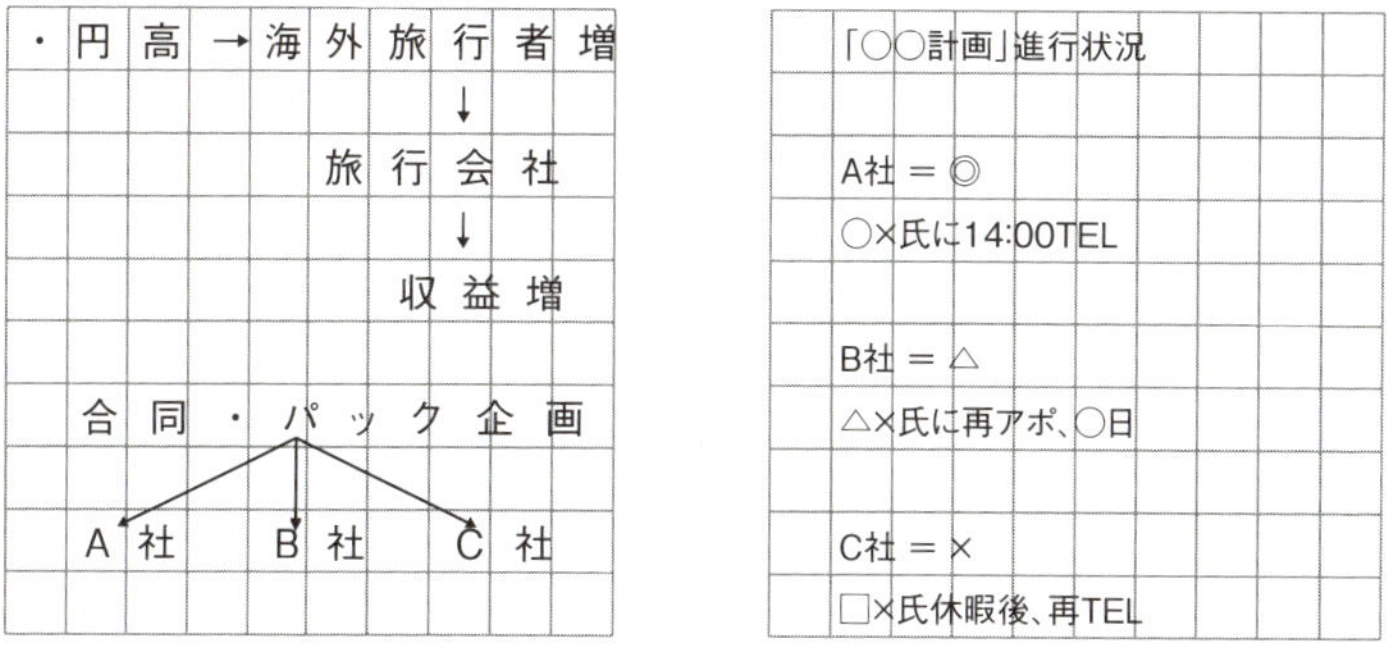

マス目を有効活用して読みやすくする

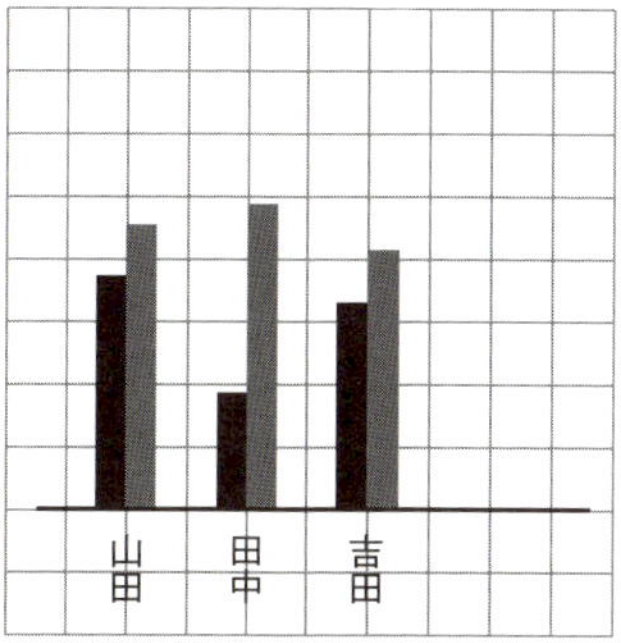

グラフも色分けすると一目瞭然

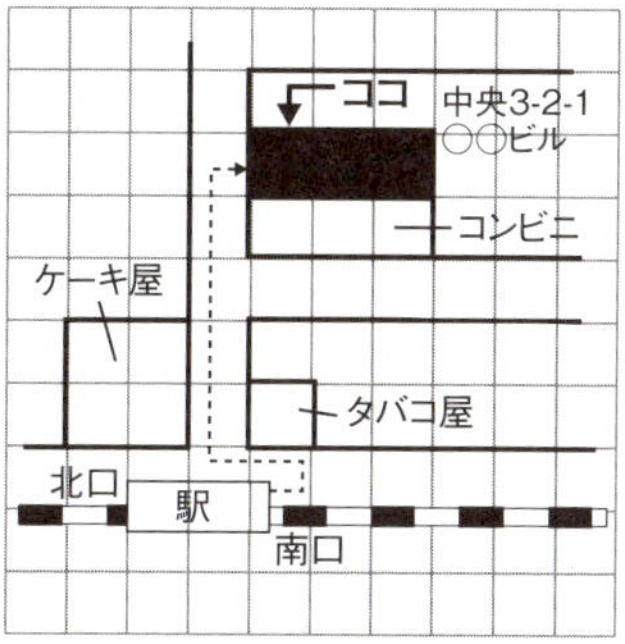

地図を書くのに便利

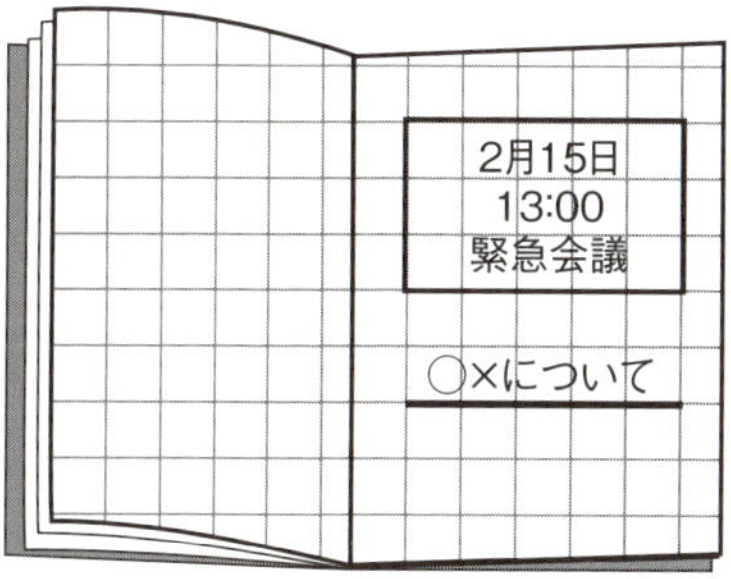

方眼ノートは、
アンダーラインがきれいに引ける

〝カンガルー式ポケット〟でマイ・資料ファイルを作る

打ち合わせのときにもらったメモ書きや資料をノートに挟んでおいたら、いつの間にかなくなってしまったという経験はないだろうか。そんなときに限ってデータ化されていないものだったりして焦ってしまうことがある。

こんなときは、ノートとは別に関連資料を収めたファイルをつくるという手もあるが、ノートとファイルを常に持ち歩かなくてはならないのは面倒だし、どちらかひとつを忘れただけで用を足さないのでは困る。

できれば、情報はすべて同じノート1冊にまとめておき、それさえ持っていれば大丈夫というようにしたい。ストレスフリーであることも重要なのだ。

そこで、ひとつの案件についてノートにまとめ終わったら、すぐ後ろのページの中央部分を斜めに切り取り、次のページと綴じ合わせてみよう。

ようするにカンガルーのポケットのような袋をつくり、そこに関連資料を入れておくの

カンガルー式ポケットのつくり方・使い方

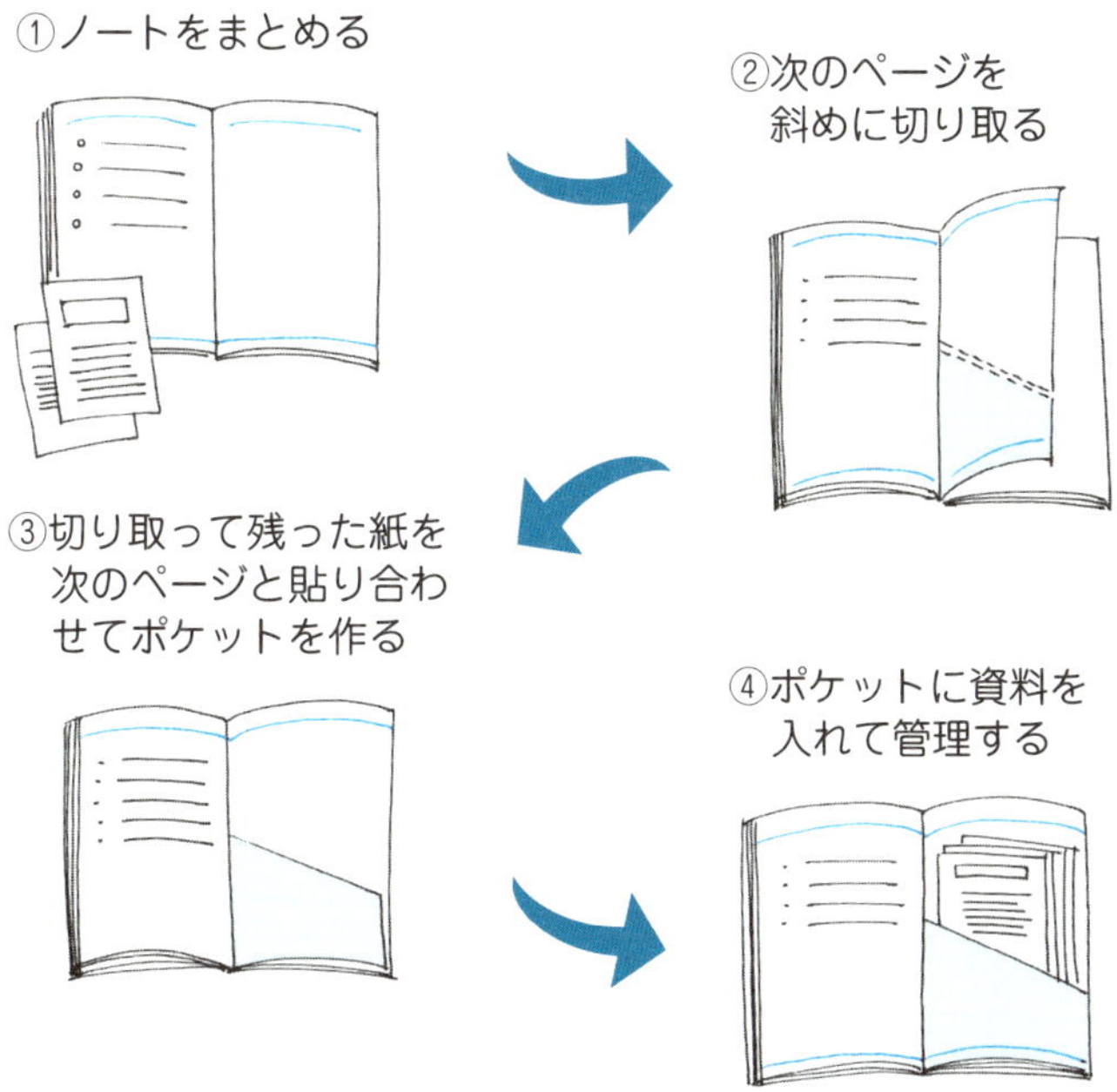
①ノートをまとめる
②次のページを
斜めに切り取る
③切り取って残った紙を
次のページと貼り合わ
せてポケットを作る
④ポケットに資料を
入れて管理する

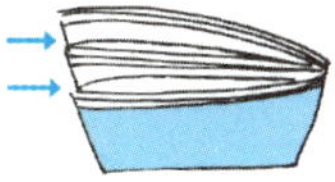

ノートを立ててみると、カンガルー式ポケットがあるページは厚みがあるので必要なページが探しやすい！

書類を見失わないためのアイデアとは？

立食パーティーなどで自分のグラスを見失わないようにグラスマーカーが用意されていることがあるが、文房具のクリップもこのようなマーカーの役割を果たしてくれる。たとえば、1枚きりの書類は書類の山に埋もれてしまう心配があるが、そんなときはクリップを“マーカー”としてつけておくといい。

だ。そうすれば、ノートを開いて再確認しながら資料をすぐに取り出すことができるし、資料をしまい忘れることもなくなる。

2章で紹介しているポケットファイルと基本的な作り方は一緒だが、**カンガルー式ポケット**の特徴はノートの中央を切り取ることで中に入れた資料がひと目でわかることである。しかも、これを繰り返すことで1冊の手作りの**「マイ・資料ファイル」**にもなるのだ。企画のプロがよく使うノート術といっていいだろう。

このカンガルー式ポケットはまた、家計簿にも応用できる。家計簿として使っているノートにこのポケットをつくれば、細かいレシートや請求書をまとめて入れておくことができる。

「ノートはただ情報を書き込むだけのものではない」という発想の転換ができれば、1冊のノートも多くの情報を一元管理できる賢いツールになるのだ。

ちなみに、ノートに書くときには**マイ・ルールを決める**といい。日付は必ず右上に、メモ書きは青ペンで、下段のスペースは必ず開けておくなどと決めておけば、あとで見直すときにまとめやすいはずだ。

企画書を作るなら書いて体で覚える

ワンランク上の企画書を書きたいと思うのなら、多くの企画を通している人の企画書を借りてきて、丸ごとそれを書き写す作業をすることをおすすめする。昔から、暗記の基本は書いて覚えること。見て、読んで、書いて、体に刻み込むのである。

何通も書き写していくと、企画を通すのがうまい人独自の書き方や見せ方、提案の方法などが自然とみえてくる。そして、そのノウハウを美文・名文を参考にして自分の企画書に積極的に取り込んでいけばいいのである。

書いて覚えるという点では、自分が「いいな」と思ったビジネス文書や礼状の書式などもとっておいて、ノートに書き写してもいい。自分が文書を作成するときに、書式をそのまま応用して文書を作成できるからだ。

こうしたものを1冊のノートにまとめて貼り込んでおけば、自分だけのオリジナルの〝書き写しノート〟を作ることができる。

「コメント日記」は1日1ページにまとめる

「考える力」を身につけようとするなら、毎日欠かさず日記を書くことをおすすめする。その日1日の出来事を振り返り、それをノート1ページ分にまとめることで自然と頭の中がすっきりと整理されるからだ。

ただ、そうはいっても毎日日記をつけるのは相当意思が強くないと難しい。たいていの人は長続きせず、途中で日記をつけるのが面倒くさくなり「明日にしよう」と三日坊主になってしまうことが多い。

じつは、日記を途中で投げ出さずに続けるコツがある。それは、長い文章で書かずに、余白があってもいいので簡単なコメント風にしてみることだ。

たとえば、その日の会議で企画中のプロジェクトを実行すべきかどうか話し合ったが、資料不足から議論が長引いてなかなか結論が出なかったとしよう。

こんなときの日記には「会議長引く。資料不足が原因。必要なのは他社の動向、業界平

5年日記
10年日記
2010〜2019
10年日記や5年日記は1日分のスペースが数行しかないので、コメント日記をつける習慣ができたら使ってみるといい

均値など補足資料」と短い文章を書くだけでいい。**ツイッター並みに短くつぶやく**程度で十分なのである。

読むのは自分自身なのだから内容はこれで理解できるし、それに文章を推敲することなくメモをとる気分で書くことができるから「よし、机に向かって日記をつけるぞ」などとあまり気負わなくてもすむわけだ。

たとえ長い文章でなくとも、今日1日何があったかを振り返り、そこから今後の教訓としたいことや記録として残したいことをコメント風に書くだけで、自然と頭の中をまとめる力も身についていくのである。

COLUMN
こだわりの1ページに役立つ「七つ道具」＋α①

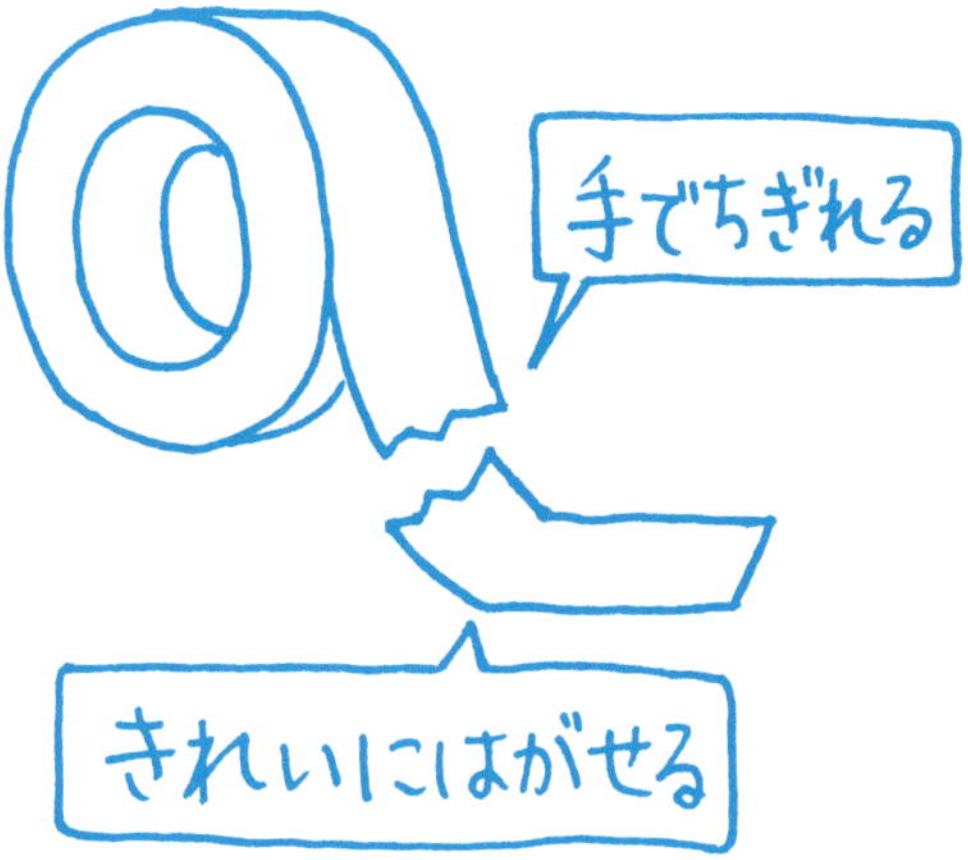

マスキングテープは資料作りの必需品

セロハンテープはどこの会社にもある必需品だが、それ以外にもさまざまなテープがある。たとえば粘着力が低く、文字を書き込むことのできるマスキングテープや、セロハンテープよりも劣化しにくく、コピーをとっても写らず、文字の記入もできるメンディングテープなどは、会議のレジュメ作りなどに役立つ。両面テープも資料を貼り合わせたりパンフレットの見本を作るといった作業には欠かせない。壁に貼ることで何かを吊り下げてディスプレイができる粘着テープも便利だ。仕事の内容に応じて便利なものを活用したい。

COLUMN

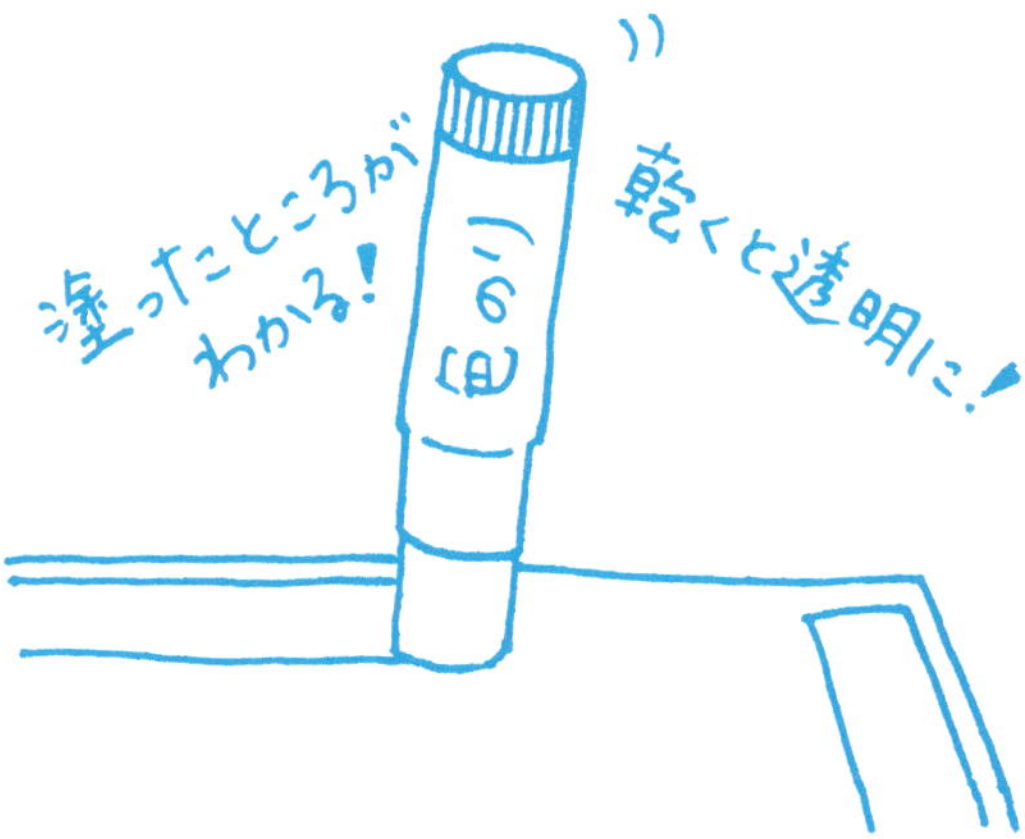
塗ったところがわかる！
乾くと透明に！

ムラを解消する「色つき」は目で確認できる！

のりは無色透明か薄い白が多いので、たとえば広い面に塗ったとき、塗られていない部分があっても気づかずにムラになることがある。それを解消したのが「消えいろ」といわれるのりだ。青い色をしているので、塗った部分を目で確認しながらムラなくきれいに塗れる。もちろん乾けば色は消えて無色になるから気にならない。なお、使用後にふたを閉め忘れると色が抜けてしまうので注意したい。また、薄い紙にのりをつけると、乾いた後でシワになることがあるので、それを防ぐために工夫のされた「シワなし」のりも発売されている。

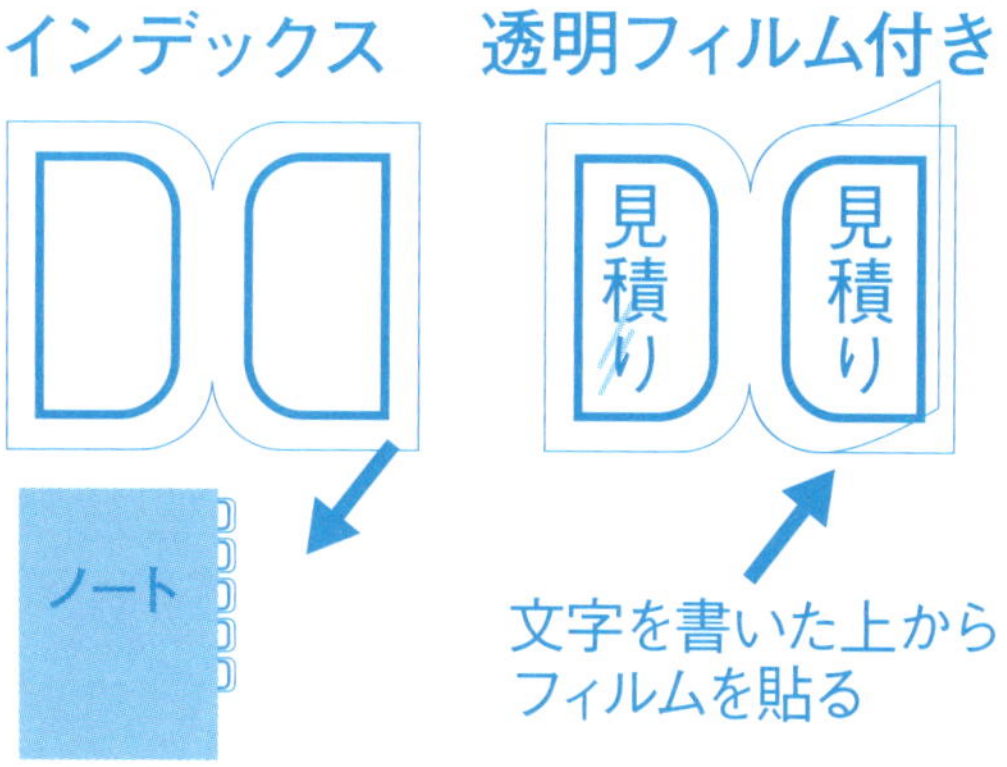

見やすい！曲がらないインデックス

インデックスはすぐに折れ曲がって見づらくなるもの、という印象があるが、最近は簡単には曲がらない素材で作られたインデックスシールが発売されており、時間がたっても見やすくきれいな状態が保てる。さらに、汚れて文字が読めなくなるのを防ぐために保護用のフィルムが付いているものもある。大きさも色も豊富で、透明のものや模様の入ったものもある。また、文字をパソコンで入力して直接インデックスラベルに印字することができる機器もあり、見映えよく作ることもできる。

2章

なぜか一目置かれる、たった1ページのノート術

【応用編】

「問題解決ノート」は1件につき1ページでまとめる

仕事上の失敗は誰にでもひとつやふたつはあるものだ。もちろん、失敗したからこそ大事なことが学べたということも少なくない。だが、同じ失敗を何度も繰り返すのはよくない。失敗は二度と繰り返さないことが成長や成果につながるからだ。

そこで、トラブルの再発を防止するために、日ごろから「問題解決ノート」をつけるようにしたい。自分が関わった仕事上のトラブルはもちろん、同僚や部下が起こしてしまった問題なども、その原因と解決に至るまでの経緯を事細かにノートに記録しておくのだ。

問題解決ノートには、まずトラブルの起きた日時とその内容を記入し、いつ、誰が、何を、どんなふうにしてトラブルに発展したのか。また、原因は何だったのか、その事実関係をできるだけ正確に書く。

次にどのように問題に対処したのか、相手の反応はどうだったか、これも時間を追う形で書き残しておくのだ。

「問題解決ノート」があればトラブルが起きても慌てない

コツは**1件のトラブルをできるだけ1ページに収める**ことだ。多くても2ページ以内に、しかも見開き状態にしておくとあとで見直す際にもトラブル全体がひと目でわかるようになる。

また、こうした情報を社内で共有することで意思の統一も図れるし、同様のトラブルが起きたときも過去の事例を参考にして速やかに対処できるようになる。

ところで、この問題解決ノートは失敗した直後よりも、気持ちがある程度落ち着いて自分を客観的に見られるようになってから書いたほうがいい。冷静な気持ちでトラブルを振り返ってみると、今後とるべき行動がはっきりと見えてくるからだ。

理系ネタは図やイラストに置き換える

当たり前のことだが、ノートは詳細に書き込めば書き込むほど文字でびっしりと埋め尽くされてしまい、その結果、読みづらいノートになってしまう。自分で書いておきながら読み返すのがイヤになってしまってはノートをとった意味がないだろう。

では、読みやすいノートを作るにはどうすればいいのだろうか。**文章を図やイラストにできるだけ置き換えてしまう**のもひとつの方法だ。

たとえば、太陽光発電についてノートに書き記したい場合、その仕組みを事細かに文字で説明するのではなく、その仕組みを図式化してしまうのだ。

発電パネルに太陽の光が当たって電気が発生している図を描いて、その横に仕組みの要点だけを箇条書にする。このほうが文字だけよりもよほどわかりやすい。

ただそうはいっても、イラストや図などがうまく描けないこともある。こんなときは、**ページの端から端まで文字だけが並ばないように工夫してみる**といい。

「絵」＋「コメント」でわかりやすいノート作りを！

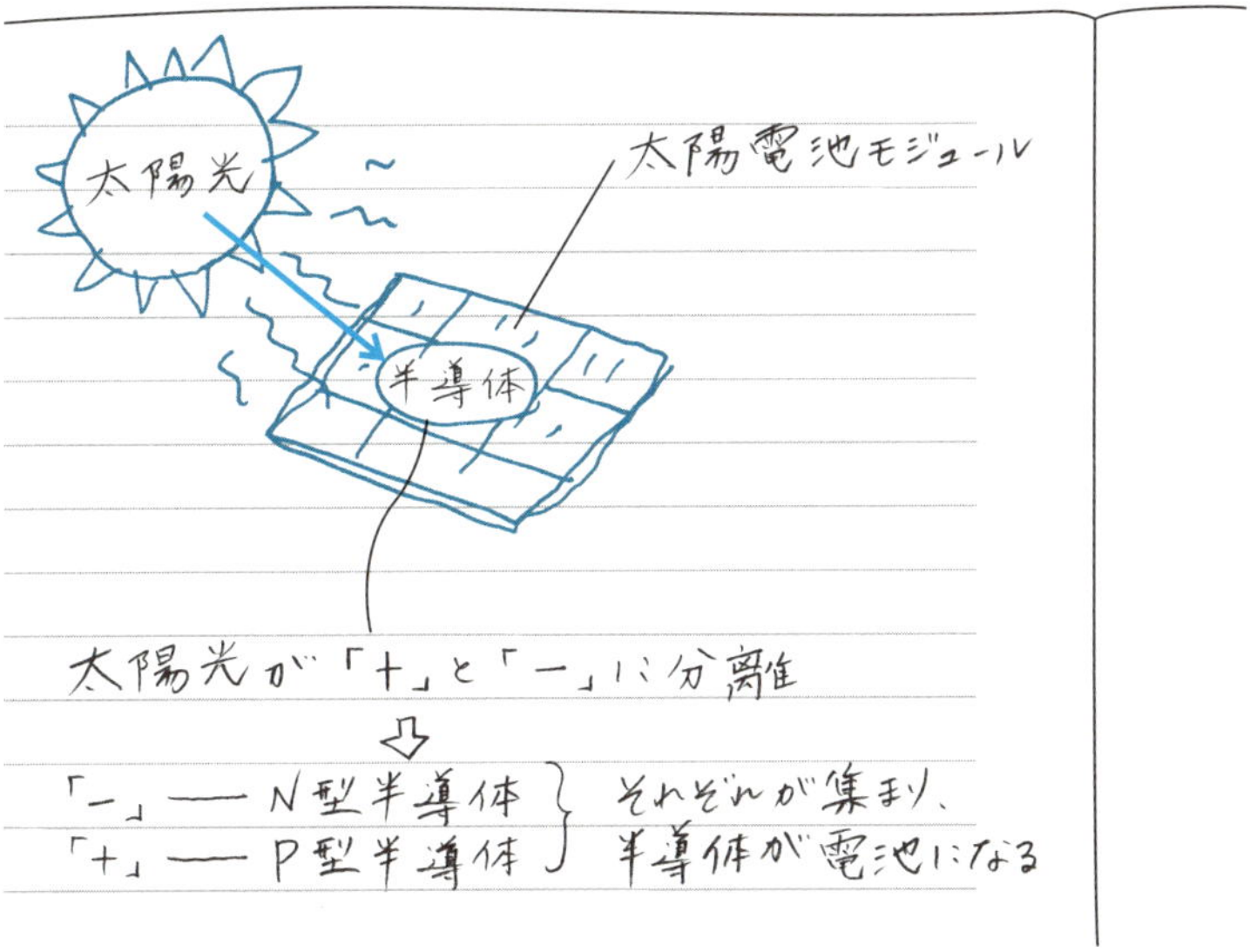

たとえば、1行の文字数を少なくして文章をいくつかのブロックに分類し、丸や四角の線で囲んでみる。囲み線も二重線や点線などを多用すれば、なお効果的だ。囲みを矢印などでつないでチャートにしてもわかりやすい。

さらに、読み返したときに目に止まりやすいように、線で囲んだ短い文字は何度かなぞって太い文字にしたり、マーカーを使って目立たせてみるのもいいだろう。

同じ文章だけのノートでも、このような〝引っかかり〟になるものを作っておけば、それだけで格段に見やすいノートに変身するのである。

「ワーク・ノート」のコツは1日分を1ページに

仕事の効率が何倍もアップする「ワーク・ノート」をご存じだろうか。

これは、いうなれば〝仕事の日記〟のようなもので、訪問先や打ち合わせで話し合った内容だけでなく、仕事の作業手順や先送りにした案件、また担当者の人物像や営業先の会社の雰囲気まで、その日、仕事上で気がついたことを何でも事細かにメモしていくという方法である。

たとえば、仕事に関して疑問点や反省点があれば、それをどんどん書き込んでいく。コツは文章はできるだけ簡潔に、**箇条書きを多用する**ことだ。

できるなら、その箇条書きしたものを項目ごとに分けて「打ち合わせ」「企画」「訪問先」などの見出しをつけておくといい。また、**1日分を1ページにまとめる**のが理想だ。

このようなワーク・ノートを毎日つけると、仕事全体を俯瞰できるようになるだけでなく、効率の悪い部分も判明して改善することができる。同じような仕事を頼まれたときに

業務内容、予定、覚え書き、感想…ワーク・ノートにはすべて書く

プロジェクトC
の打ち合わせ
現案は再考の必
要あり
次回の打ち合わ
せは来週金曜日
B社
13:30訪問
Sくん同行
新しい担当者は
シャープな人柄
で洋画好き

は、過去の事例を読み返して「いま、何をすべきか」をすぐに把握できるのだ。

ちなみに、これと似たものに「業務日報」があるが、これは社員の誰もが記載しやすいように共通のフォーマットになっており、内容も会社が必要としていることしか書けない。

これに対して、ワーク・ノートは**個人的な心情も書ける**、もっと自由度が高いオリジナルの記録なのだ。

さらには、これまで仕事に関係した人や協力者の名前も残せるため、のちのちの人脈づくりにも大いに役立つ。ワーク・ノートはスキルアップにかなり効果のある記録方法なのだ。

「不満」から「対応策」まで「3色ボールペン」の法則

取引先の要望やクレームをメモするときは、**3色ボールペン**を積極的に活用したい。

たとえば、取引先があなたの会社のサービス態勢に不満をもっているようなら、まず黒のインクでそのことをノートに書き留める。

このとき、「商品がいつ届くのかわからない」「納期を問い合わせても要領を得ない」というように、できるだけ〝**生の声**〟**を拾って書く**ようにしたい。

次に、取引き先の話から推察できる問題点を洗い出す。そうしたら、今度は青インクで「商品の配送の連絡が不十分」「納期の管理が不徹底」などと問題点を書き加えていく。この**黒字と青字を使い分ける**ことでクレームとその問題点が明らかになるのだ。

そして、対応策がまとまったら、赤インクで「注文書に納期の記入欄を設ける」「誰もが納期を調べられるシステムにする」などと書き加えていくのである。こうして黒、青、赤の3色を使い分けることで解決までの流れがひと目でわかるようになるのだ。

色分けすると「不満」「問題点」「対応策」がひと目でわかる

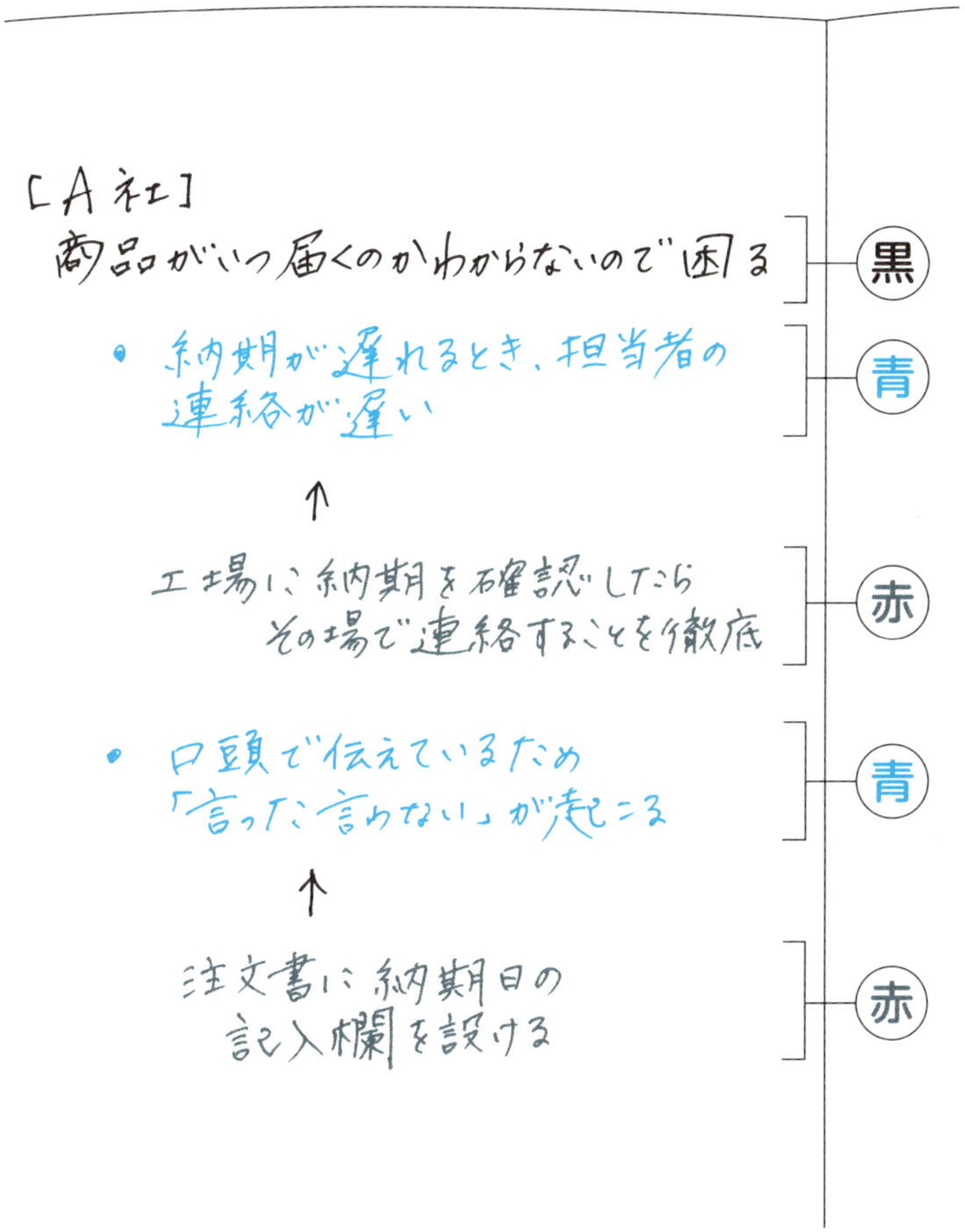

“1日の過ごし方”を記録するとすき間の時間が見えてくる

「やりたいことはいろいろあるけれど、それをやる時間がない」――。これは多くのビジネスパーソンが抱える悩みでもあるが、じつは本人が「時間がない」と思い込んでいるだけのことが多い。

そこで、自分が1日をどのように過ごしているか、スケジュール帳やノートに詳細に記録してみよう。小学生の頃につけた“夏休みの過ごし方”の要領で、起床から始まって食事、通勤時間、テレビを見ている時間から就寝時間まで、1日の行動を毎日1ページに「分単位」で細かく書いてみるのである。

意外とムダな時間が多いことがわかるはずだ。

バッグに常備したいA4ノート

用紙のサイズにはA判とB判、レターサイズなどいくつか種類があるが、日本で作成される公文書類でＡ４を使うことが基本となってからは、一般企業でもA判を使うのが主流となってきている。

それを踏まえて、**仕事用のバッグには常にA判ノートを用意しておく**と何かと使い勝手がいい。

Ａ４の用紙を１回折るとＡ５、２回折るとＡ６になるので、プリントアウトをした書類を貼り込むのにも便利だし、Ａ４のノートを持っていれば、コピーや資料をもらったときにその用紙を挟み込んでもノートから大きくはみ出すこともない。クリアファイルがなくても書類をキレイに保管できる。

それに、ビジネスバッグはＡ４サイズに対応したものがほとんどなので、カバンへの収まりがいいというメリットもある。

ノートをカスタマイズする

ノートを自由自在に使いこなすことができるようになれば、自分の実力以上の力をつけることができる。また、ノートをどう使うかにこだわれば、いつも使っているふつうのノートが多くのチャンスをもたらしてくれることもある。

◆ノートの裏表紙にふせんをストックしておく

ふせんは、とにかく紛失しやすいものだけに、できれば保管をする定位置を何カ所かに決めておき、使いたいときにすぐに使えるようにしておくといい。

そこで、社内での会議や打ち合わせのときに使うふせんは、会議のときに使うノートの**裏表紙の内側の面に貼りつけておく**と便利だ。こうしておけば、ふせんはノートと一緒に必ず持ち歩くことになるので、忘れるということはなくなる。

長さや色の違うふせんを何種類か用意して1カ所にまとめて貼っておけば、用途に応じて使うこともできる。

また、デスクで使っていて残りの枚数が少なくなったふせんはどうしても失くしやすいので、これを裏表紙専用にしてしまうという手もある。

◆その場で作る臨時のポケットファイル

会議や打ち合わせなどのときのちょっとした資料やメモなどをノートにコンパクトにまとめておくのに最適なのが、**手製のポケットファイル**だ。

まずノートを開き、右ページの上の部分を中央から左斜め上に向かって切る。上端から5センチほどを目安に切るとちょうどいい。すると、台形のページができるので、そのページと次のページをテープやホチキスなどで貼り合わせれば、これで〝マイポケットファイル〟の完成だ。1章で紹介した「カンガルー式ポケット」のバリエーションだが、こちらは、ポケットが深い分、資料をなくさないようにするのが目的だ。

このポケットに新聞や雑誌などの切り抜き、パンフレット、あるいはパソコンから打ち出した**資料やデータなどをいったん入れておく**のだ。そうしておくと、資料がどこかに散乱することもないし、あとでまとめて目を通すこともできる。

ちなみに、これを繰り返せば1冊のノートにいくつものファイルができることになるが、基本的にはマイポケットファイルは**1ページあれば十分**だ。ノートごとに関係のあるテーマでまとめれば、丸ごと1冊がひとつのジャンルや方向性でまとまり、情報の引き出しが抜群に早くなる。

資料の整理だけでなく、頭の中の整理にもおおいに役立つはずだ。

◆たくさんの追加情報はトレペに書き込む

ところで、調べものなどをしてまとめたノートには、追加情報の書き込みをしたり蛍光ペンでマーキングをしたくなるが、あまりにも書き込みすぎるとごちゃごちゃになって、せっかくのまとめノートが台なしになりかねない。

そんなときは**トレーシングペーパー**を使うと便利だ。

雑誌の編集作業などでは、デザインの素材となる写真やイラストの上にトレペを貼り、その上にサイズの指定などを書いていくが、要はそれの応用だ。トレペをノートの上に重ねて、そこに書き込みやマーキングをするのである。

こうすれば元のノートを汚さずに、書きたいことを自由に書き込むことができるし、ト

ポケットファイルの作り方

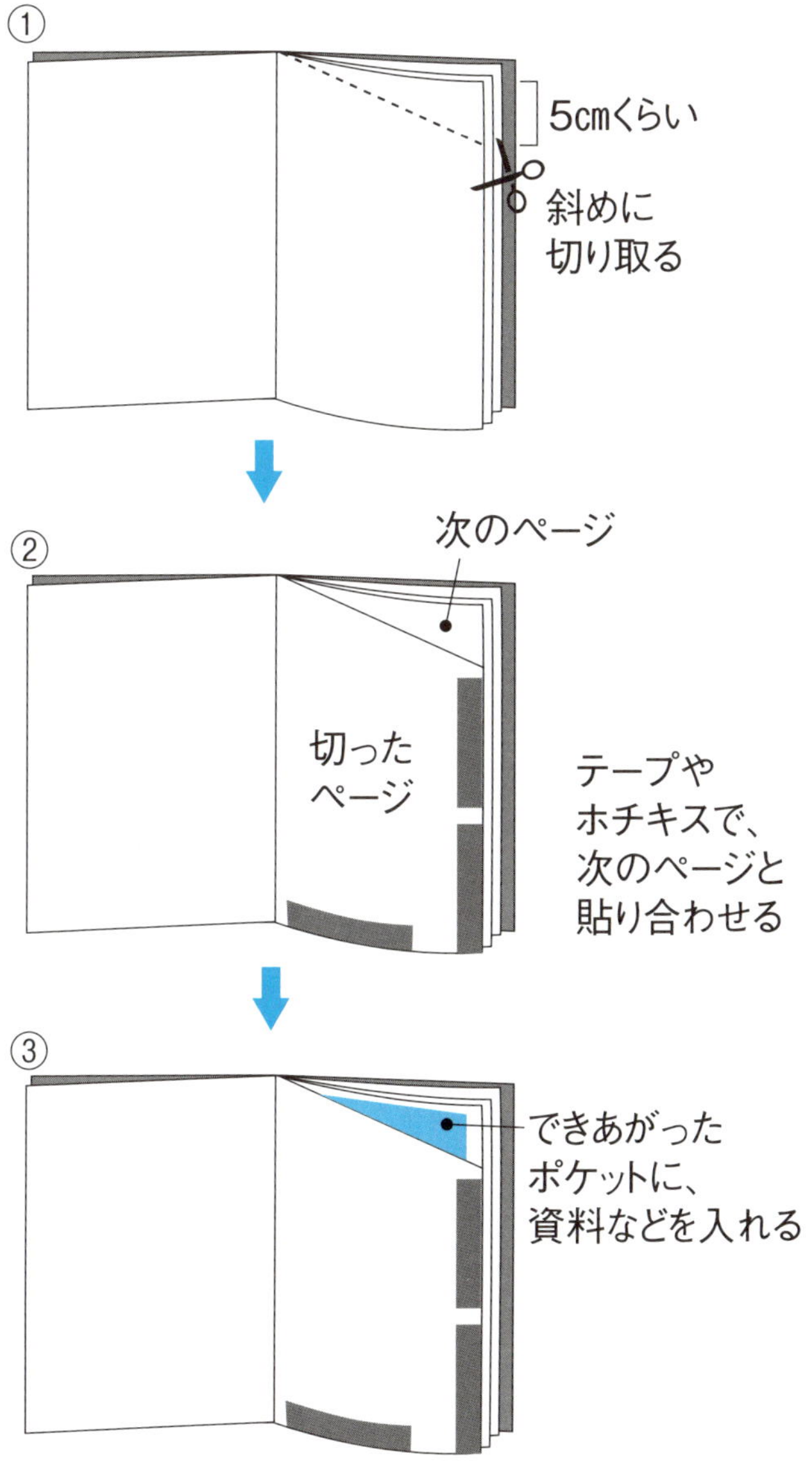

レペがずれないように資料に貼りつけたいときは、メンディングテープを使えばいい。きれいにはがせるうえに、コピーをとってもテープを貼った跡が写らないからだ。

上にトレペが重ねてあるので、あちこちにマーキングをしすぎたら、新しいトレペに貼り替えて簡単にやり直しができる。

また、元のノートと書き込みが別々になっているから、追加情報を**書き込む前の状態をすばやく確認することもできる**のだ。

スピーチ原稿は1ページ分でOK

長く話したわりには、相手にいまひとつ自分の言いたいことが伝わらないということは多い。こういうパターンに陥る人の共通点は「前フリが長い」ことだ。

ひとつのスピーチ全体を10だとして、本題に入るのが5～6分目あたりだとすると、前置きだけで相手の頭の容量はめいっぱいになり、残量はごくわずかしかない。話し終えたときに「果たしてこの人はいったい何が言いたかったのか？」と相手には疑問符だけが残ってしまうのだ。

そこで、メモ程度でいいのでノート**1ページ分にあらかじめ自分の話したいこともまとめておく**といいだろう。

ページの上から4分の1のスペースに前フリを書き、その下を本題で埋めればバランスがいい。伝えたいことはできるだけ簡潔にまとめテンポよく話すようにすれば、相手にもリズミカルに情報が入り込むはずだ。

1ページに1店
おいしい店ガイドブックを作る

気に入った飲食店などの情報は、「マイ・ミシュラン・ガイドブック」を作って半永久的に保存しておこう。

まず、店のレジカウンターなどによく置いてある名刺を2枚もらってくる。そして、次にA6判のノートを用意して、この名刺をノートに貼り込んでいくのだ。

名刺は1ページにつき1店貼ることとし、もらってきた名刺の1枚は表向きに、そしてもう1枚は裏が見えるようにして上下に貼り込んでいく。

こうしておけば、名刺の表に書かれた店の住所と電話番号、裏に書かれた店までの地図など同時に見ることができる。

また、ノートの余白には、たとえば自分が食べて気に入った料理や店の雰囲気、スタッフの印象などを自由に書き込んでおいてもいい。そして、自分の**評価を星印で書き込む**のである。

大満足なら3つ星（★★★）、やや満足ならば2つ星（★★）、合格なら1つ星（★）という具合である。

また、店の雰囲気や料理によって「接待向き」「デート向き」「忘年会・新年会向き」などと書き込むのもいい。おおよその予算を「高」「並」「安」とジャンル分けをしておくのもいいだろう。

このノートがあれば、急な接待の席を設けなければならないときなどでも、慌てずに対応できる。

適確な店選びは仕事の出来と同じくらい、評価の対象となることもありえるのだ。

COLUMN

こだわりの1ページに役立つ「七つ道具」＋α②

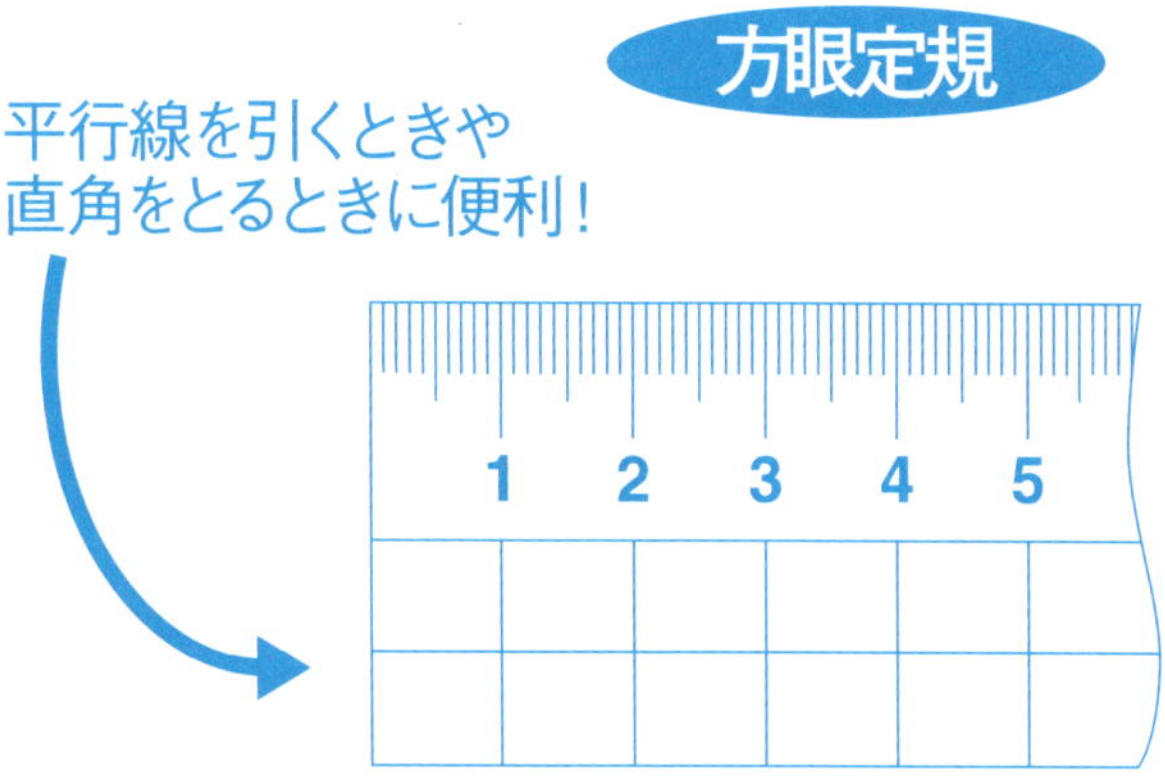
方眼定規
平行線を引くときや
直角をとるときに便利！
1
2
3
4
5

用途別にいろいろある定規

「三角定規」や「方眼定規」は、デスクの引き出しにひとつは入れておきたい定規だ。特に方眼定規は、直線はもちろん、平行線や垂直線、直角をとるときにも便利だ。また、おもにデザイン関係の仕事に使う「テンプレート」も使い勝手がいい。いろいろな大きさの円や正三角形、正方形などの穴が開き、さらにアルファベットや数字の型もくり抜かれている。また、楕円や不規則な形、あるいは曲線を引きたいときには、「雲形定規」が利用できる。これらを使えばパソコンで図形をうまく作れないときに手書きで書き加えられる。

COLUMN

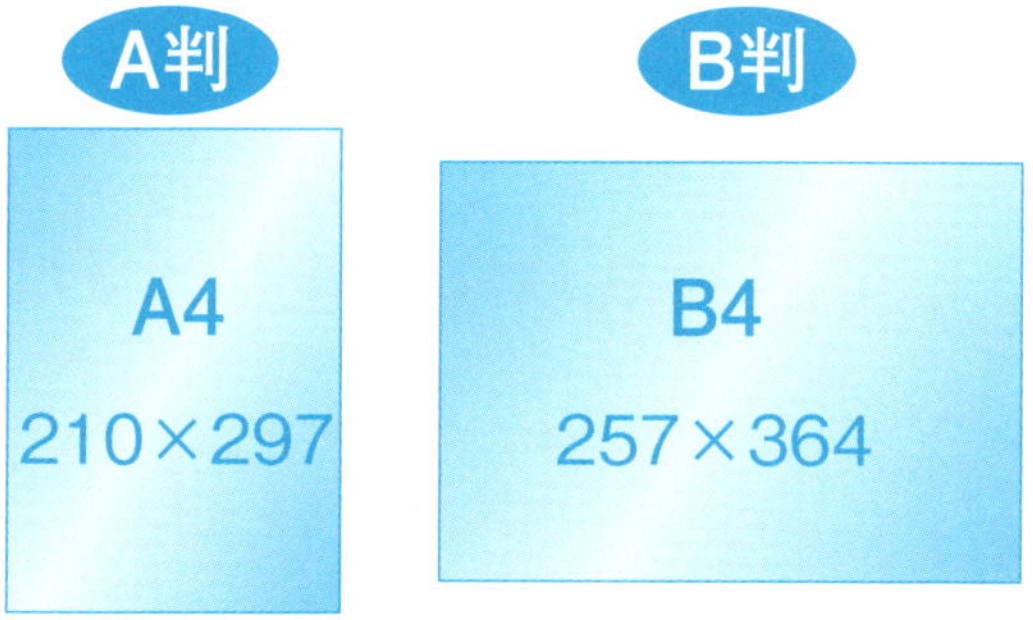

A0（B0）を半分に4回折ると
A4（B4）になる！

国際規格はA判、日本生まれはB判

ノートや用紙などの大きさは「Ａ４」や「Ｂ５」という言葉を使って表す。Ａ判は「Ａ０」から「Ａ10」まで、Ｂ判は「Ｂ０」から「Ｂ10」まである。国際的な規格であるＡ判はＡ０（８４１×１１８９ｍｍ）、日本で生まれたＢ判はＢ０（１０３０×１４５６ｍｍ）が基準だ。また、「Ａ４をふたつ折りにするとＡ５」というように、数字がひとつ増えるごとに前の大きさの半分になる。ちなみに、Ａ０はＡ４の16枚分、Ｂ０はＢ５の32枚分にあたる。なお、日本では１９９３年からＡ４が公文書のサイズとなっている。

いつもとがった芯が出るシャーペンも登場！

シャープペンシルの芯の太さには0・2、0・3、0・4、0・5、0・7、0・9mmの6種類があるが、一般的なのは0・5mmである。濃度もさまざまで、4H、3H、2H、H、F、HB、B、2B、3B、4Bがある。カラー芯もあるが、その中でよく使われるのはやはり黒色である。また、シャープペンシルを使っていると、芯の先端が斜めになって書き味が悪くなるが、最近は芯が回転し、常にとがった部分で書けるように工夫のされたものもある。また、本体の太さも好みに応じて選べる。

COLUMN

インクを消せる電動字消しもある!

変わりダネの消しゴムとして一度試してみたいのが電動字消しだ。スイッチを入れると先端の消しゴムが微妙に震動し、自分の手を動かさなくても消すことができる。どれくらいの強さで紙面に接触させればよく消えるかがわかってくれば、「手離せない!」という人もいるだろう。電池式（ほとんどは単4電池2個）が多いが、電池ケースの部分があるのでデスクの上や引き出しの中ではやや場所をとる。電池切れが不安な人にはアダプター式のものも発売されている。またエンピツだけでなく、各種のインクを消せるものもある。

茶封筒にも使える微妙な色の修正液

かつては、小さなボトルに入っている修正液を小さなブラシにつけ、消したい部分を塗りつぶすタイプが主流だった修正液だが、現在はテープ式のものが一般的になっている。ペン先に修正液が出てくるペンタイプは、小さくて細かい部分の修正に便利だ。また、かつては油性用と水性用に分かれていたが、最近は油性・水性どちらにも使えるものが主流。さらに、先端を工夫することによりマーカーやクレヨンのようなタッチで使えるものや、茶封筒の修正用に、白ではなく微妙な色合いの修正液を使った修正ペンも発売されている。

3章

アイデアのプロが実践する、たった1ページのノート術

アイデアをふせんにメモしたら1枚の紙にグループ分けする

何かをひらめいたときにぜひ活用したいのが、ふせんだ。忘れないうちにふせんにサッとメモをするのである。ふせんに書き留めたメモは、直接手帳に書いたものより簡単に組み合わせることができる。異なる時間や場所で書き留めたメモをパズルのように組み合わせることで、何通りものアイデアを生みだすことができるのだ。

このときに使うふせんは、幅が2センチくらいのもので十分。そして、ふせんに書くのは1枚につき1項目のみ。とにかく何かヒントになりそうなことを思い浮かんだり、面白いものを見つけたらふせんに書いて、そのまま手帳にペタリと貼っておくのである。

そしていざアイデアをまとめるという段階になったら、たまったふせんをグループに分けながらノートや1枚の紙に貼っていくのだ。

すると、ふせんを整理することでたまっていた思考が吐き出され、スッキリとした気持ちになる。そうすればしめたもの、また新たなアイデアが浮かんでくるかもしれない。

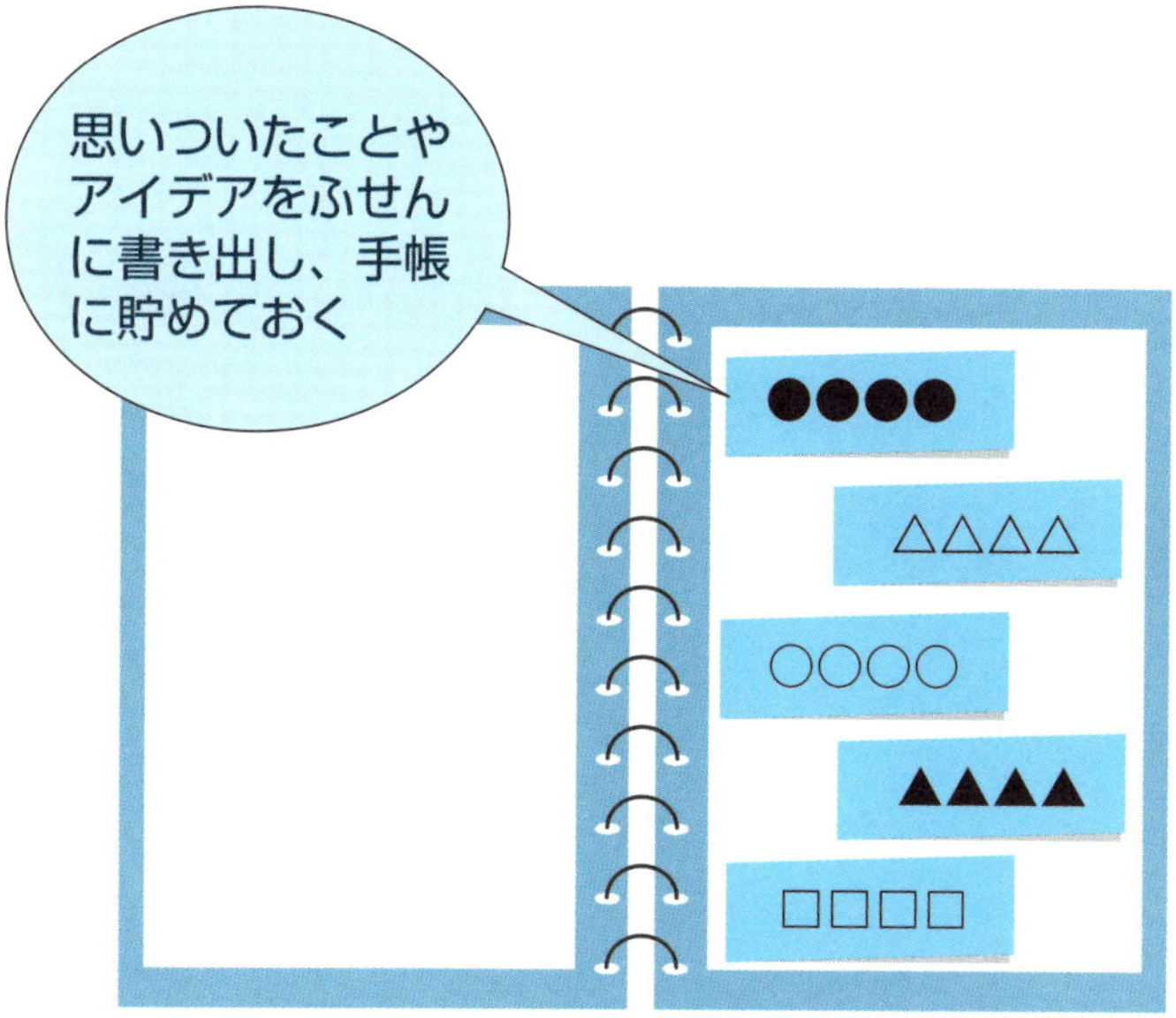
思いついたことや
アイデアをふせん
に書き出し、手帳
に貯めておく
●●●●
△△△△
○○○○
▲▲▲▲
□□□□

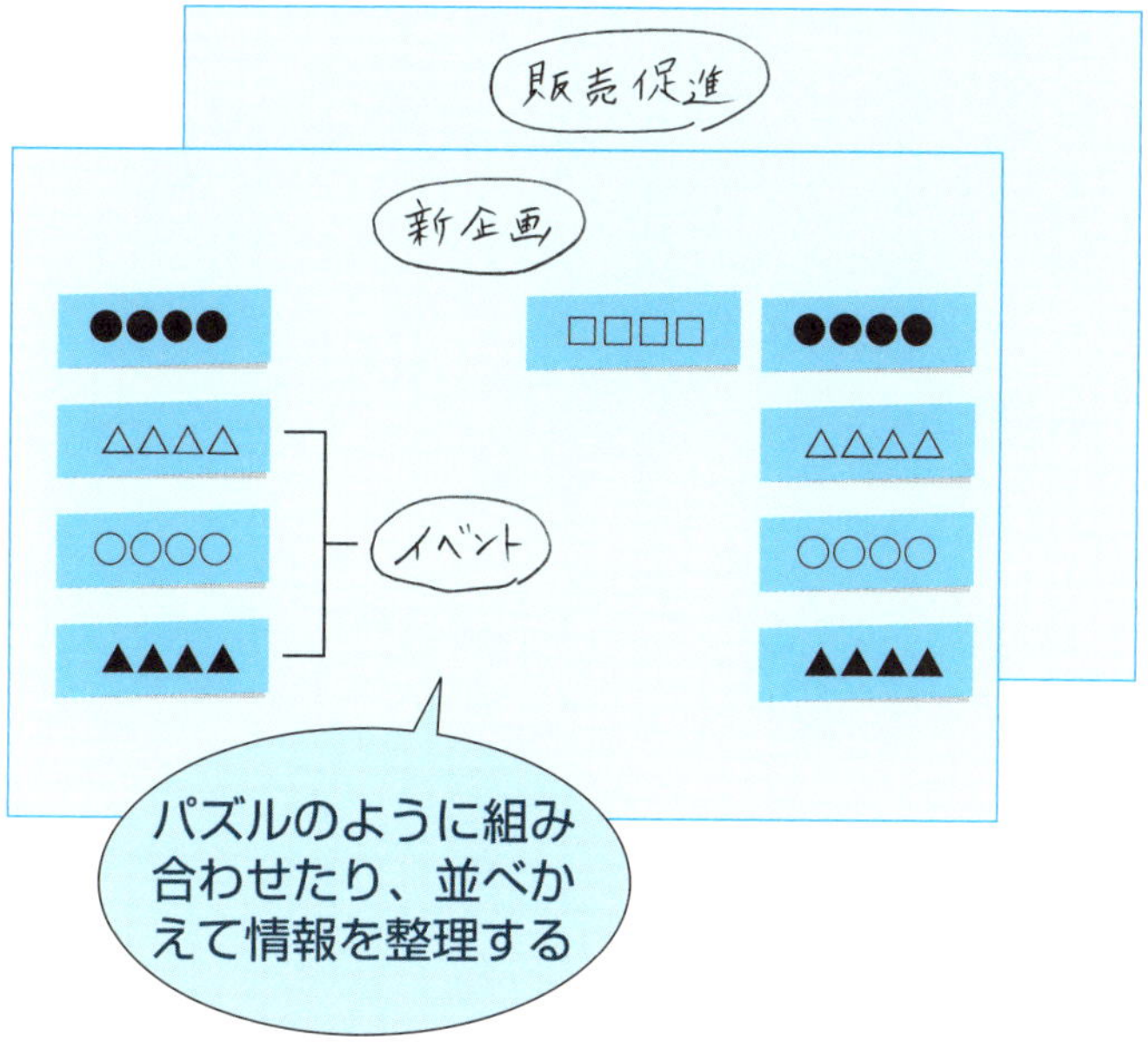
販売促進
新企画
●●●●
△△△△
○○○○
▲▲▲▲
イベント
□□□□
●●●●
△△△△
○○○○
▲▲▲▲
パズルのように組み
合わせたり、並べか
えて情報を整理する

〝脳内アイデア〟を「絵」にしてプレゼンする

前項のようにひとつアイデアがひらめいたときはふせんにメモしてもいいが、大事なのは頭の中にあるアイデアをアウトプットする作業だ。

たとえば手帳に書き出したり、声に出して隣にいる友だちや同僚に話してみるのだ。もちろん、どちらもごく一般的なやり方だが、場合によっては**「絵に描いてみる」**という方法もぜひ試してみてほしい。絵にすることで、より客観的に見ることができるからだ。

新商品のアイデアなら大雑把なデザイン画を描いてみればいいし、新たに思いついた仕事のノウハウならフローチャートのように図にしてみてもいい。コツは、罫線のない**まっさらなノート1ページ分に思いついたそばから書きなぐっていく**ことだ。絵にして「形」にすることでその内容がよりはっきりと見えてくるというわけだ。

言葉を羅列して難しく説明するよりもパッと見て全容がわかるため、プレゼンテーションの場でもこの絵やフローチャートを提示すれば相手にも受け入れられやすいのである。

●アイデアを絵やフローチャートで描いてみよう！

タイトル	

100円ペンをあちこちに置くとアイデアをいつでも取り出せる

仕事のモチベーションを高めるために、高級ブランドの万年筆やボールペンなどを持つことも大切だ。だが、思いついたことをすぐに書き留めたいなら、100円ショップで売っているペンを何本も買ってきて、いろいろな場所に置いておくといい。

仕事のアイデアはいつどこで、どんな面白いことが浮かぶかわからないし、新聞や雑誌、テレビで知った情報が印象的で、職場に取り入れたいと思うこともあるだろう。そんなことをその場で書き留めるためには、**生活スペースのいたるところにペンが置いてあったほうがいい**のである。

会社や自宅の机の上はもちろん、キッチンやテレビを見るときに座るソファーの脇、玄関、トイレ、そしていつも持ち歩くバッグの中などにも安価なペンを入れておく。そうしておけばいつでも取り出して使えるのだ。

また、**書き記す紙のほうも「何でもいい！」**と割り切って雑誌や新聞、折り込み広告や

ボールペンがあると便利な場所リスト

☑	カバンの中	□	洗面台
□	ジャケット コートのポケット	□	ソファーのそば
□	玄関	□	パソコン机
□	トイレ	□	車のコンソールボックス
□	寝室	□	テレビのそば
□	キッチン	□	ダイニングテーブル

本のカバーの裏、コンビニエンスストアで買い物をしたときのレシートの裏などを利用する。ノートにはあとからゆっくりまとめればいい。

とにかく大切なことは、**思いついたことを「忘れないうちに、すぐ書く」**という習慣をつけることである。

そういうクセをつけておけば、せっかく浮かんだアイデアを忘れてしまうこともなくなるし、それが何らかの企画につながっていく可能性も広がる。

走り書きのメモは、きちんと書いたメモよりも利用価値が高いということを覚えておこう。

浮かんだアイデアは1アイデア＝1ページで記入

アイデアはいつ、どこで思いつくかわからない。「これは使えそう」というアイデアが浮かんだら、忘れないうちにサッと書きとめておける**「アイデアノート」**を持ち歩こう。

この場合、B5判（A4判）の、罫線の入っていない白い無地のノートが便利だが、大切なのはすでに触れたように**1ページ1アイデアで記入する**こと。余白ができてもったいない気がするが、逆にこの余白をたっぷりと活用するのだ。

たとえば、最初のアイデアを元にして「別の商品にもこんなふうに応用できる」「他にこういうやり方もある」というように、別のアイデアが浮かべばそれをどんどん書き込んでいくのだ。

元のアイデアから派生した別の**アイデアや具体案を思いつくたびにそのページを開くことになる**ので、元のアイデアや他の書き込みを何度も目にすることになる。

アイデアは真っ白な状態から始めると、どんどん広がっていくのである。

白いノートの使い方のルールは自分で決める

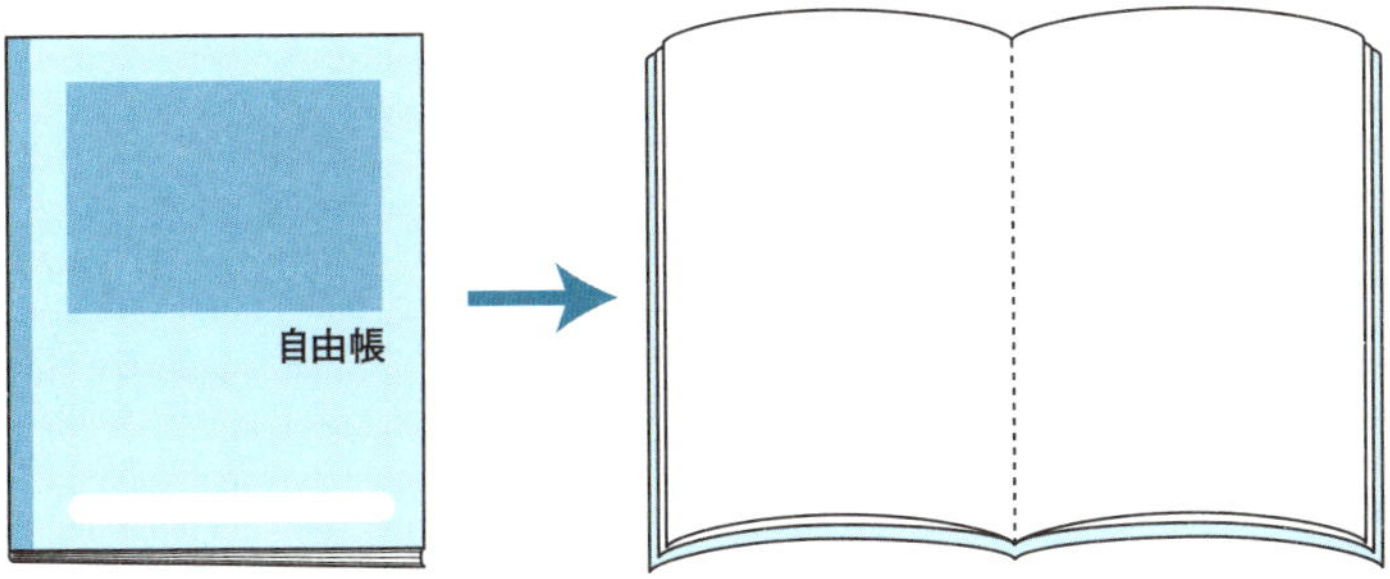

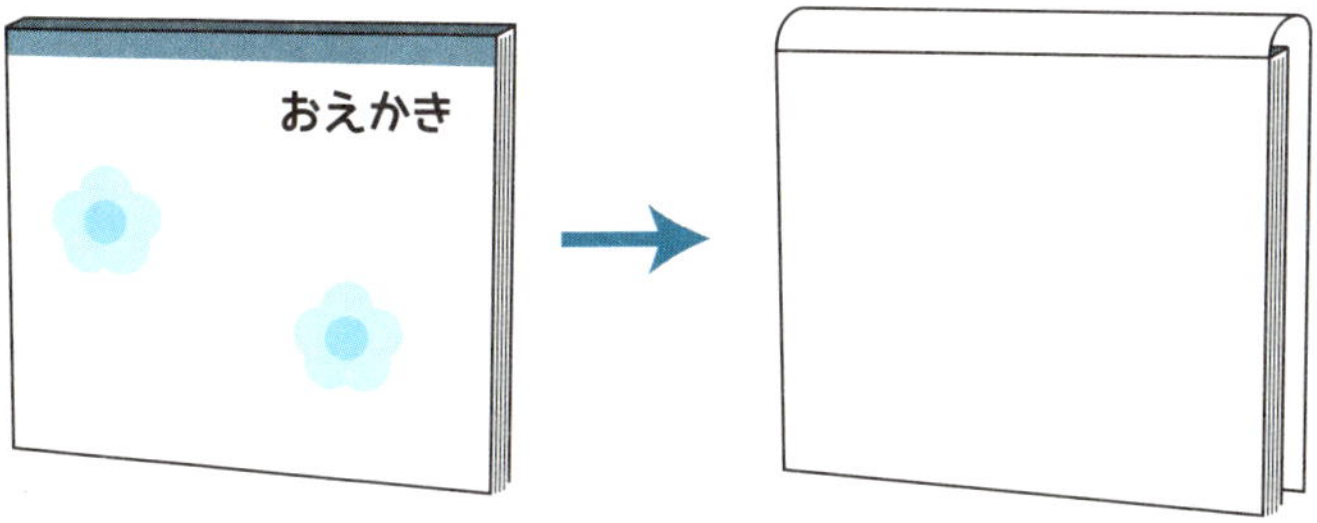

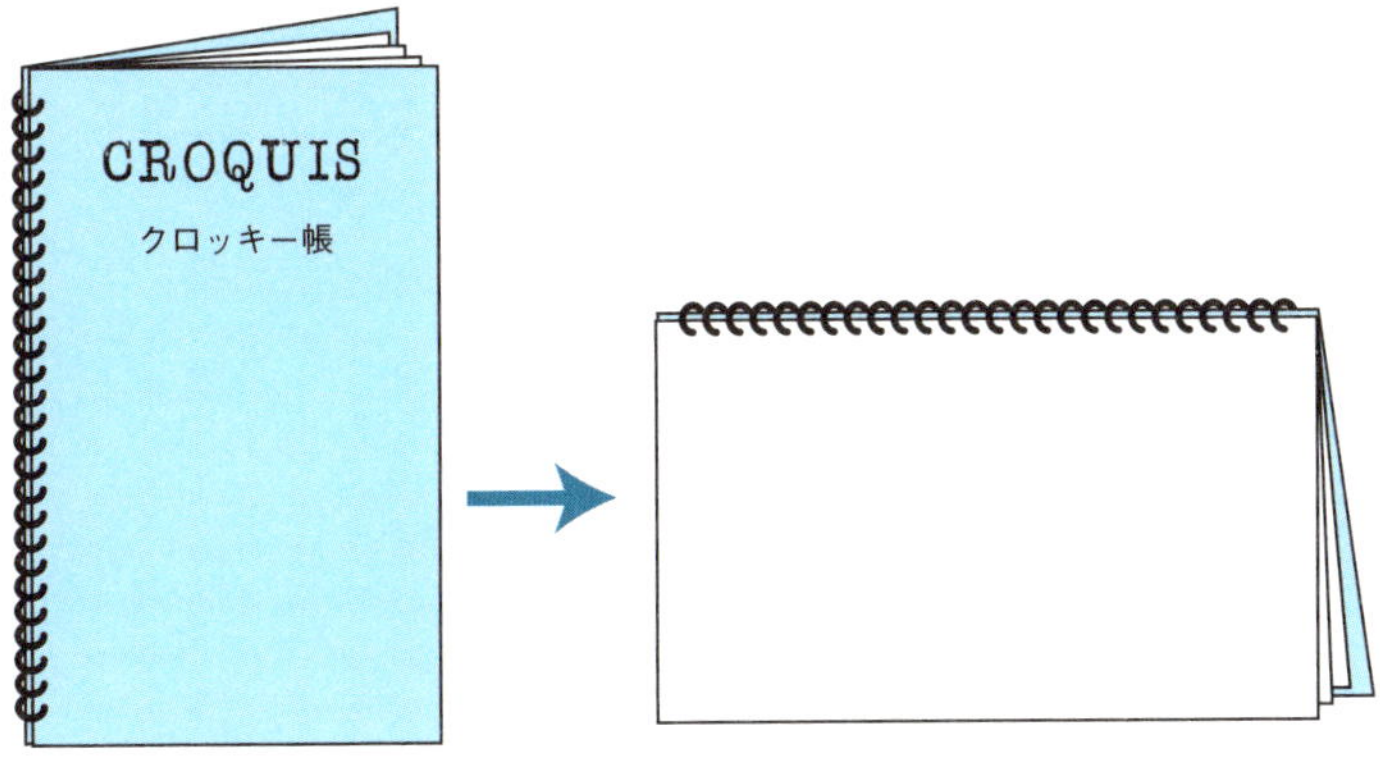

◆駄目出し専用の大バケノートを作る

ところで、せっかくまとめた企画書なのにボツにされたら「もう二度と見たくない」と思うはずだ。しかし、ボツになった企画書や反対意見が多かったアイデアの中にこそ、新しい発想や視点が潜んでいることもある。

そこで、それらをまとめてノートに貼っておき、どこが悪かったのか、何が足りなかったのかといった、不採用になった原因を徹底的に検証できる**「ダメ出し専用ノート」**を作りたい。

まず、左のページに採用されなかった企画書を貼り、右ページには反対意見や指摘をされた箇所、会議の場で出た**助言などを間隔を開けて書き込んでおく**。

そして、このノートを見返したときに、右ページに書かれた内容に対する自分の所見や改善点、視点を変えた切り口などを思いつくままに書き込んでいくのだ。

この作業を何度か繰り返していくと、おのずと自分のミスや欠点、どこで失敗したかが見えてくるようになる。

こうして再検討を重ねていけば、なかにはうまく手直しすればモノになりそうなアイデアも見つかるはずだ。将来、大バケしそうな企画が出てくる可能性だってあるのだ。

駄目出し専用ノートの作り方

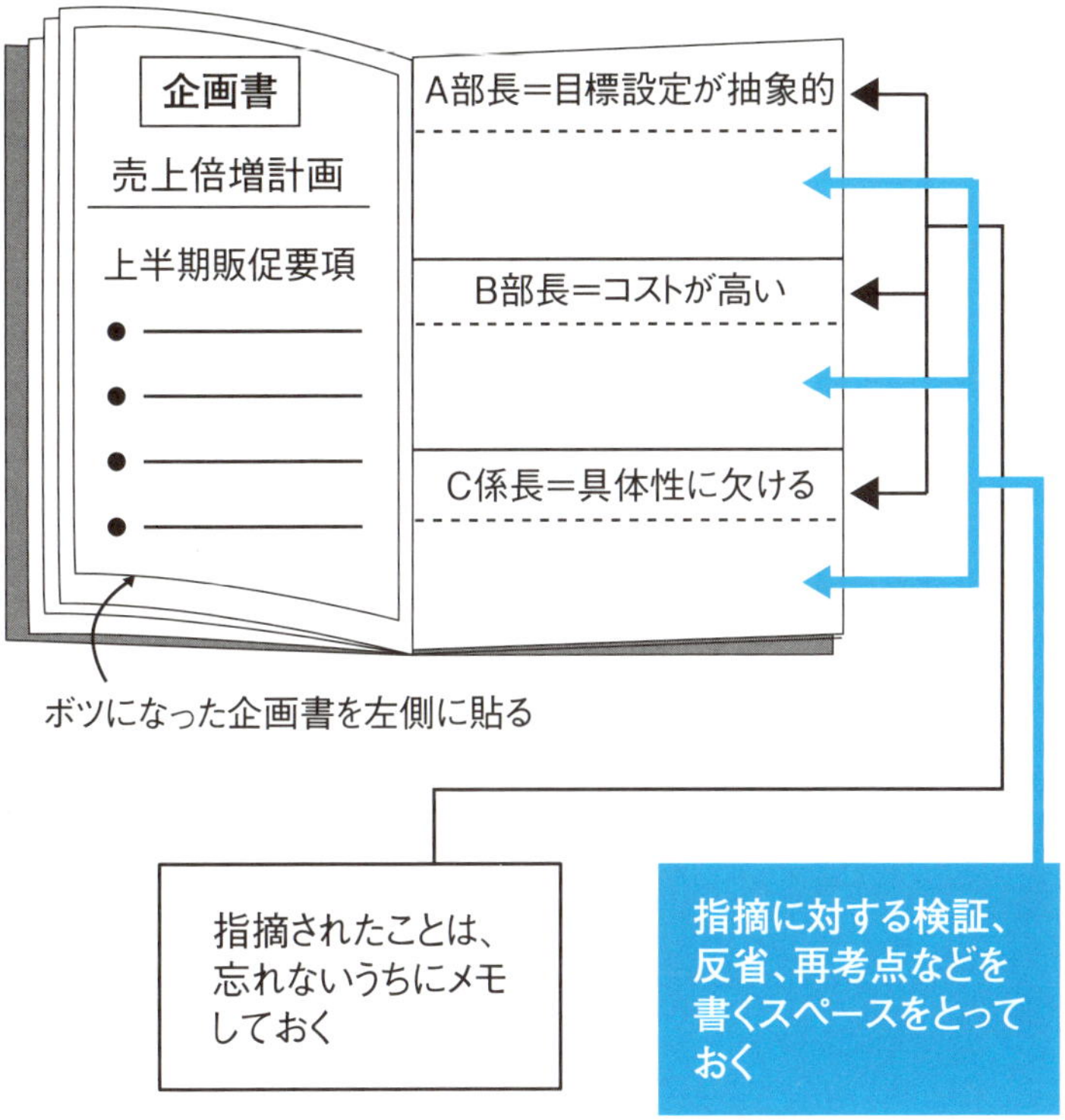

日付スタンプを押してノートを開く習慣をつける!

思いついたことを何でも書き込む「アイデアノート」を作ったら、毎日、ノートの左上に**日付スタンプ**を押そう。

こうしておけば、いつ何を書いたかがはっきりとわかるのはもちろん、たとえ何も書くことがなくても、スタンプを押すために最低でも**1日に一度はノートを開く習慣がつく**。

また、何も書かない日が何日も続くと「何かを書かなければ…」という気持ちもわいてくる。

とにかく、ノートを開く習慣さえつけてしまえば、自然と書き込む量も増えてくるはずだ。

書くことがなくても毎日スタンプを押す

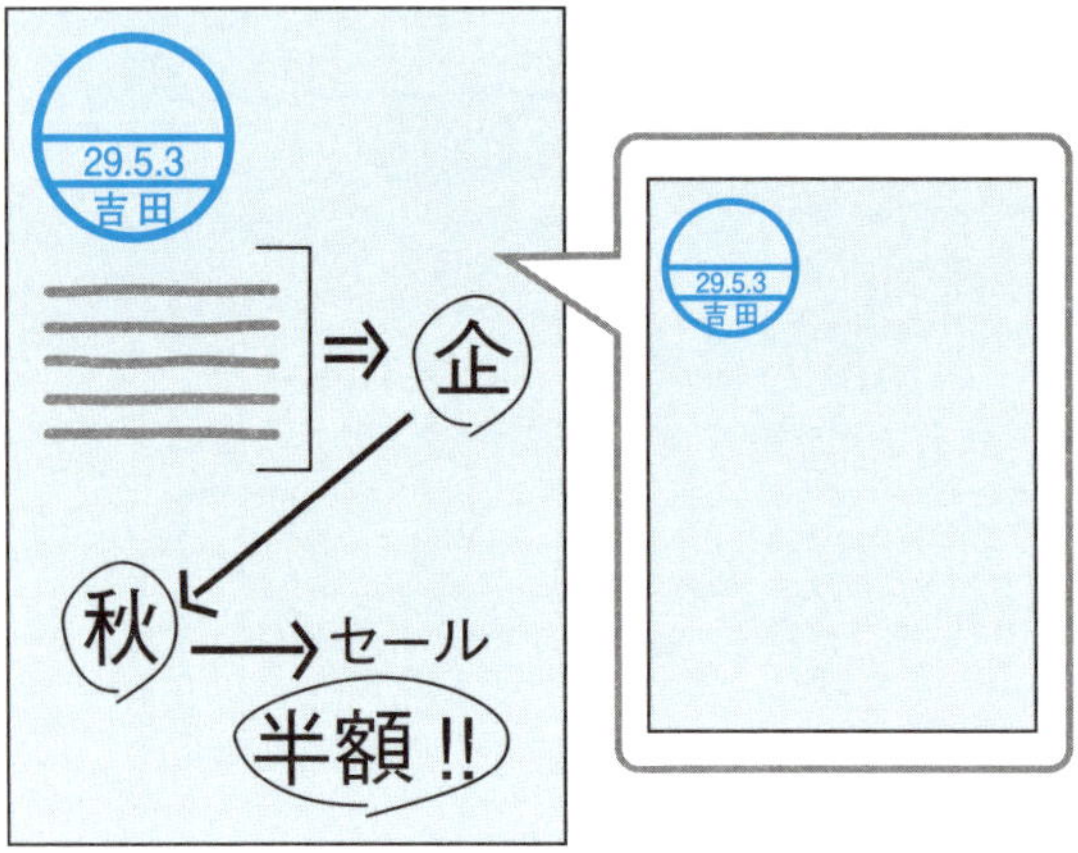

色つけがしっかりしていると説得力がアップする！

「アイデアノート」を作ったら、もうひとつやりたいことがある。それは〝色つけ〟だ。

この色つけがしっかりできると説得力が増すからだ。

たとえば、**基本的なアイデアは「赤」、具体例は「緑」、問題点は「青」**というように色分けをする。アイデアをまとめるときには赤字の部分だけ読めばいいし、問題点を考えるときは青字の部分を拾って読んでいけばいい。

また、ページ全体を見渡して、もしも青字が多ければ「まだ問題点がいろいろある」ということがわかる。こうしてビジュアル的にすっきりさせておけば頭の中も整理されることになり、それだけ創造力も発揮できるはずだ。

そして、この方法を実行するために必要なのが、4色ボールペンやカラーサインペンなど、数種類の色が使える筆記具である。赤、青、緑、黒の4色くらいで十分なので、常にノートといっしょに準備しておきたい。

COLUMN

こだわりの1ページに役立つ「七つ道具」＋α③

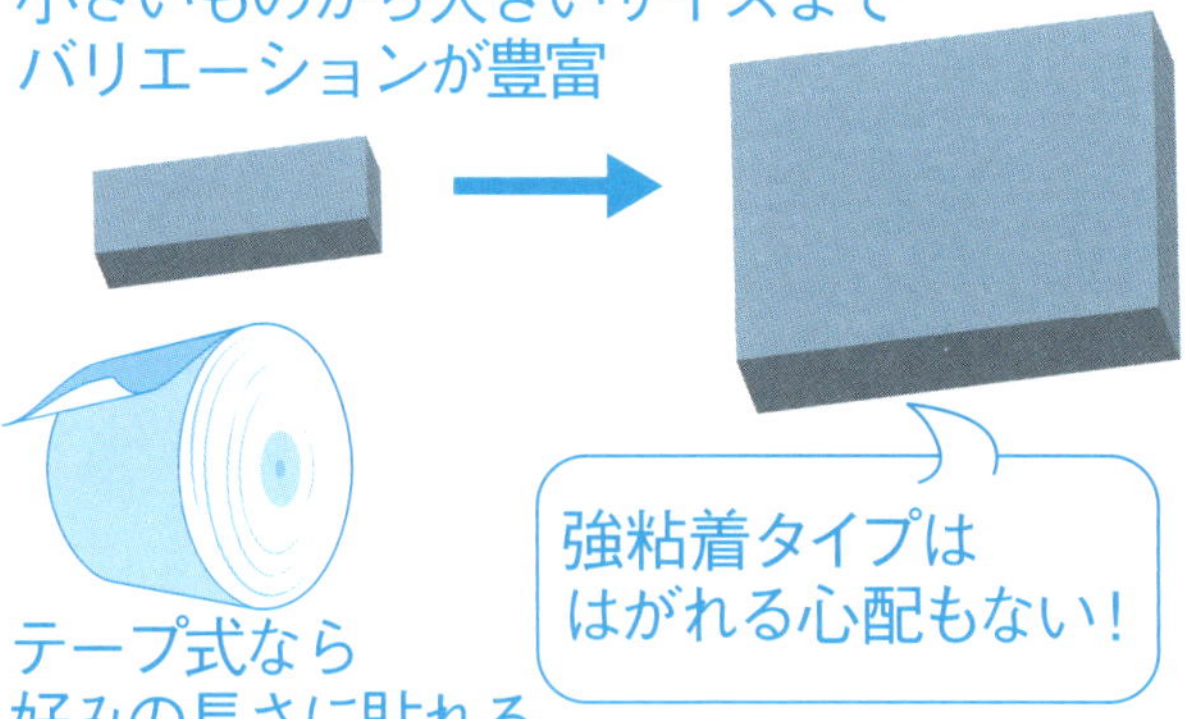
小さいものから大きいサイズまで
強粘着タイプは
はがれる心配もない！
テープ式なら
好みの長さに貼れる

引き抜きタイプのふせんなら紛失もない！

ふせんには50×15ｍｍ、75×15ｍｍのサイズのものから75×１２７ｍｍといった大判サイズのものまであり、色もじつに豊富だ。また、裏面の一部だけではなく全面にのりがついているものは、めくれないし、はがれにくい。なかには、小さな箱からティッシュを取り出すように1枚ずつ引き抜くものがある。残りが少なくなったふせんは紛失しがちだが、これなら最後の1枚まで使いきることができる。さらにテープのように巻いてあって、それを引っ張り出すタイプのふせんは、全面にのりがついているので便利である。

COLUMN

水性と油性の特徴を併せ持つゲルインキ

水性のように滑らかな書き味でありながら、油性のようにガラスなどにも書ける——。水性と油性の両方の特徴を持つのが「ゲルインキ」だ。ゲルインキのボールペンには従来にはなかった微妙な色がある。たとえば、山吹色、金色、銀色、空色、蛍光の桃色など。さらにはベビーピンク、マンダリンオレンジ、ストロベリー、マンゴーといった色名の商品もある。また、同じ青でも、クリアブルー、アクアブルー、シアーブルーなどの微妙な色分けも可能だ。さらに、消しゴムできれいに消すことができるものも発売されている。

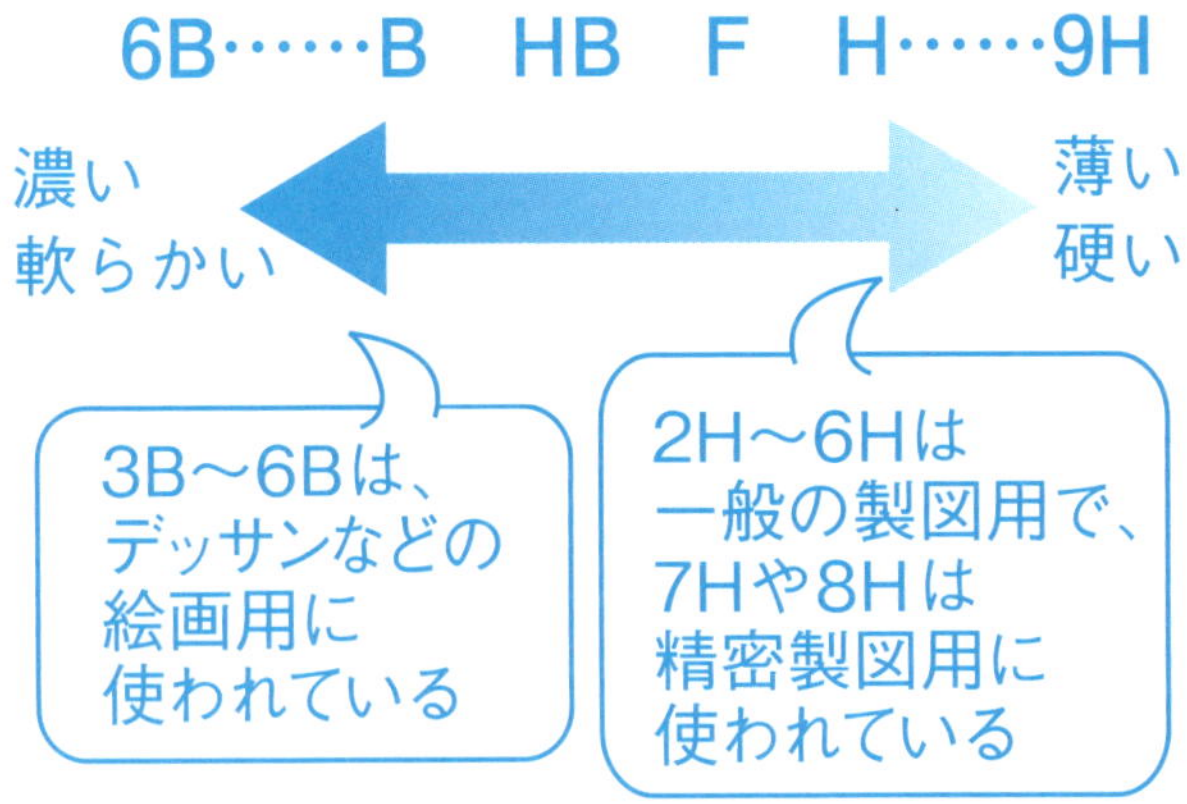

硬度が17種類もある日本のエンピツ

鉛筆の硬度を表すアルファベットのうち、「H」はハード（硬さ）、「B」はブラック（黒さ）、「F」はその中間でファーム（しっかりした）という意味だ。日本での鉛筆の硬度は9H〜H、F、HB、そしてB〜6Bの17種類がある。学校などで習う硬筆書写用としては、おもに4Bから6Bが使われる。また、短くなったエンピツを最後まで使いきるための補助軸エンピツホルダーも隠れたヒット商品だ。消しゴムつきのホルダーもある。また、きれいに削ってとがらせた芯の先を保護するキャップもある。

COLUMN

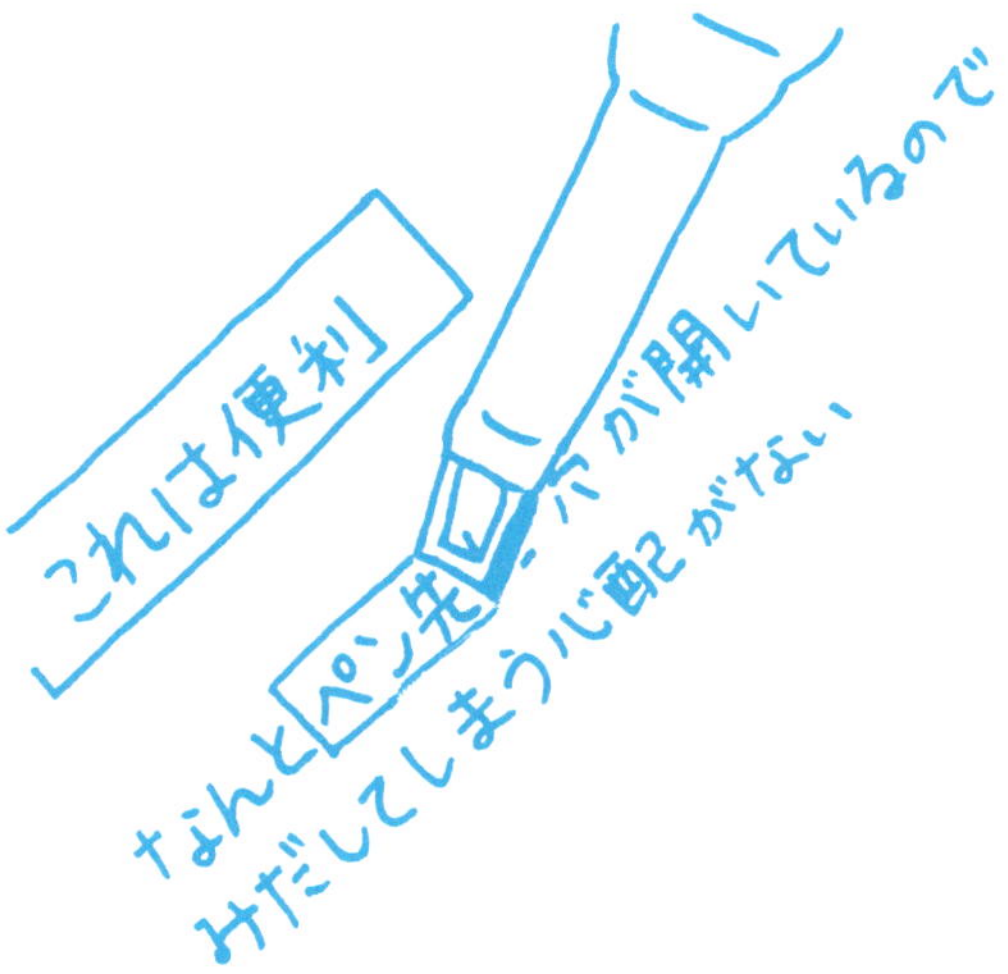
これは便利
なんとペン先
穴が開いているので
みだしてしまう心配がない

すき間から覗ける蛍光ペンもあり！

資料を読み込むときにぜひ手元に準備しておきたいのが、「蛍光ペン」だ。重要な言葉や文章にはこのペンでマーキングすればかなり目立つし、ページを素早くめくっても目につきやすいので、あとで見直す際に便利である。ところが蛍光ペンのペン先は幅が広く、そのために紙面の文字が隠れてしまい、不必要な箇所までなぞったり、ずれたりすることがある。それを解決するために、ペン先に隙間があり、紙面の文字が見えるように工夫されているものがある。これだと線を引きたいところだけに正確に引くことができるのだ。

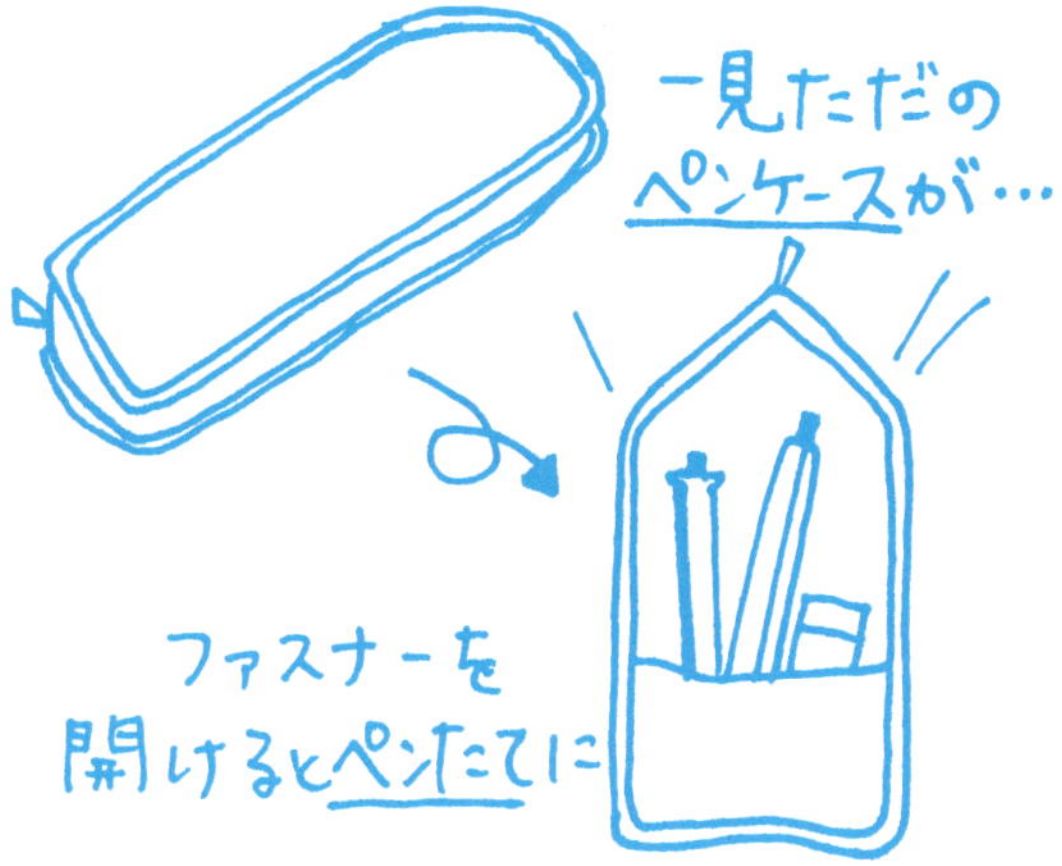

ペン立てとペンケース両方に使える〝収納グッズ〟

筆記用具を机の引き出しの中に入れておくと、使うたびにいちいち引き出しを開けなければならないが、その点、ペン立てはいつでもすぐに取り出せて便利このうえない。ただ、ひと口にペン立てといっても、その形はさまざまある。たとえば、単なる箱型や筒状のペン立てもあれば、毎日使うお気に入りの数本の筆記具を置いておくトレー型もある。ところで、筆記用具を携帯するならペンケースが欠かせないが、ペンケースのファスナーを開いて広げるとそのままペン立てにもなる優れたデザインのものが人気を集めている。

4章

メモ、手帳…無限に広がる、たった1ページのノート術

マイ短縮記号を使えばすばやく書き取れる

電話や会議、商談などでメモをとるときは、できるだけ多くの情報を正確に書きとめておきたいものだ。

そこで、たとえば「電話＝T」「メール＝E」「会議＝M」「営業＝EG」「システム＝SM」などと、**用語ごとに自分でオリジナルの短縮記号を決めておき、それを活用する**といい。文字を減らすだけで、読みやすいノートにもなる。

また日付なども、「２０１７年８月１３日」を６桁の数字で「１７０８１３」と書いておくといい。そうすればすばやく書き取れるだけでなく、メモができるスペースをより多く確保できるので、短縮記号の関連情報やそれ以外の情報をより細かく書きとめておくことができるようになる。

ただし、**短縮記号を使ったメモは自分専用**にとどめておくこと。他の人に渡すメモには省略をしないで、きちんと書くことを忘れずに。

短縮記号例

電話	T	場所	@
メール	E	デート	D or ♥
会議	M	銀行	B or ¥
営業	EG	コンビニ	C
2017年8月13日	170813	駅	S

このような記号を決めて使いこなすことで、

・メモをとるのがスピーディーになる
・コンパクトにまとめられる
・狭いスペースにもたくさん書き込める

…などのメリットがある

時と場所を加えるだけで「アイデアの連鎖」が起こる

アイデアを思いついてメモをとるときは、**日時と場所も簡単に記録しておく**といい。たとえば、通勤電車の中でひらめいたのなら、「○月○日　8：10　山手線」とメモする。日記や報告書でもないのに、なぜこのような日時と場所をわざわざ書くのかというと、そのアイデアをあとでもっと膨らますためだ。

人間の脳は一度にひとつのことしか考えられない。しかも、それがこれまでに考えつかなかったような発想であればあるほど、そのことで頭が一杯になってしまうものだ。あわててメモを取り出して書き留めたとしても、瞬時に冷静な分析をするのは難しい。

ところが、ほとんどのアイデアは偶然ひらめくのではなく、そこにはたいてい発想の引き金となった〝何か〟がある。たとえば、新しい商品企画を思いついたとき、そのちょっと前に並んだコンビニのレジで女子高生たちが交わしていたひと言が、その思いつきのキッカケになっていたということも珍しくない。

ようするに、思いつきをメモするときに日付や場所も一緒に書いておけば、あとからその**ひらめいた状況や背景も含めて記憶をたどれる**。すると、そのひらめきのタネが何であったのかをより正確に思い出せるのだ。

「そういえば、女子高生たちはスナック菓子のパッケージを見て話していた。どんなデザインだったのだろう？」と、そのひらめきを別の視点からみることでさらにアイデアを膨らませたり、そこからまったく違う考えを思いついたりするかもしれない。

ようするに、**アイデアの連鎖が起こりやすくなる**のである。

朝のひらめきはすぐにその場でメモる

アイデアを生み出す能力は、何も特別なものではない。基礎的なトレーニングを積めば、**誰でもアイデアマンになれる**。

頭の中でひらめきや直感を司る部分は、右脳である。だから右脳を鍛えればいいわけだが、その前に覚えておきたいのは、ひらめきが起きやすい状態はどんなときか、ということだ。

じつは、ひらめきは朝、しかも**起床してすぐに訪れる**ことが多い。

とはいえ、何かをひらめいたとしても、それをそのまま完璧に記憶しておくことは難しい。大切なのは、ひらめいたアイデアをすぐにその場で書き留めるということだ。

人は書くことによってイメージを頭の中に定着させることができる。これを何度も繰り返し、積み重ねていくことによってますます右脳は活性化し、**「アイデアの種」が蓄積されていく**のである。

目が覚めてから起き上がるまでの間がひらめきタイム

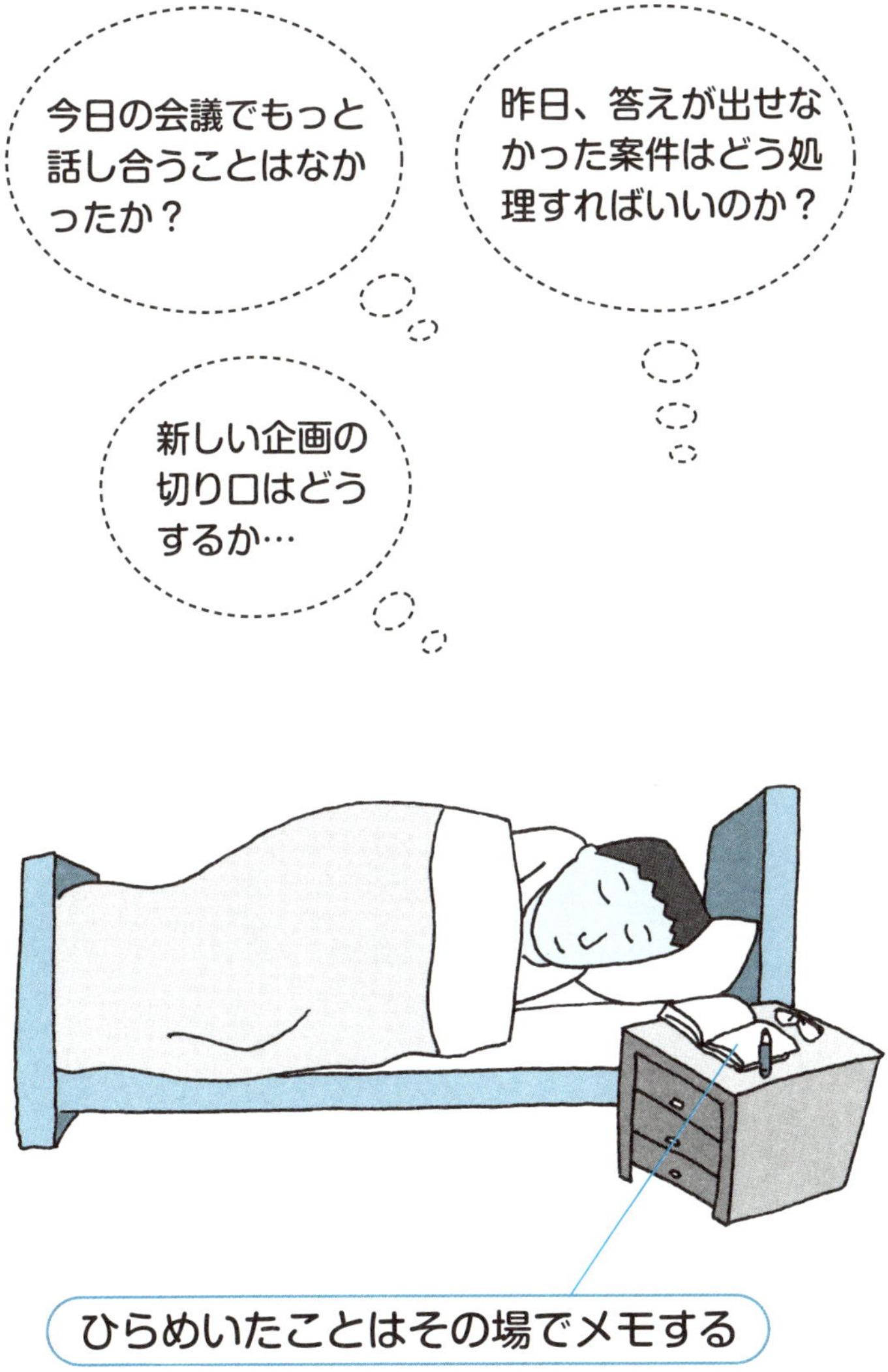

〝メモ魔〟になるなら快適なペン選びから

社内にはひとりぐらい〝メモ魔〟と呼ばれるマメな人がいるものだ。そういう人はメモをとることが習慣になっているので、その行為がまったく苦にならない。むしろ、手ぶらで人の話を聞くことに違和感や不安感さえ覚えているはずである。

こういう人を「自分もぜひ見習いたい」と思うなら、まず**ペン選び**から始めてほしい。

「ペンくらい好きなものを使わせてくれ」という意見もあるだろうが、電話の相手に伝言を頼まれ、インクの出ないペンを片手に大あわてしたという経験は誰にでもあるだろう。

メモをとるということに関しては、じつはこれが最大のストレスなのだ。

たとえば、自分が知りたい情報を持っている人に頼み込んで、やっと話を聞けるというときに、いざ書き留めようとしたら肝心のペンが書けなくなったとしよう。

あせって試し書きをしているうちに話はどんどんと先へ進み、ようやく態勢が整ったときにはことすでに遅し……。こうなるともうメモをとる気力は失せてしまい、メモ魔への

道は遠のくばかりだ。

　では、どんなペンを選べばいいのかというと、やはりインクの出がスムーズな**水性ボールペンが無難**である。たいして力を入れなくてもなめらかに書けるし、早書き用のボールペンを活用するのもいいだろう。

　しかも、メモをとるときは、必ずしも平らで硬い机が用意されているとは限らない。というより、むしろ左手にメモ用紙を持ったままの姿勢で書くことのほうが多いかもしれない。

　そんなときのためにも、手になじんだ書きやすいペンを携帯しておくようにしておきたい。

「疑問点＋結果」メモはあとで貴重な資料になる

仕事をしていると、ふと疑問に思う事柄に出会ったりする。そんなときは、調べた「結果」だけでなく、なぜ疑問に思ったかという**「疑問点」も一緒にメモをしておく**ようにするとあとで役に立つことがある。

たとえば、地球温暖化について「二酸化炭素ってそんなに温暖化を進めているの？」と疑問に思ったとしよう。ところが調べてみたら、メタンガスのほうが二酸化炭素より温暖化を進めているという結果が出た。だが、ここで「メタンガスが地球温暖化を進めている」という結果だけを書いて終わらせてしまうと、あとで読み返したときに、なぜこれをメモしたのかわからなくなる。利用価値の低い情報だと読み捨ててしまう可能性があるのだ。

そこで、ここに**疑問点と結果を合わせて記入**していれば、そのときの状況をすぐに思い出せるし、あとで何かの資料にしようという気持ちも生まれる。場合によっては、疑問点から新しいアイデアが生まれる可能性もあるのである。

調べた内容だけをメモすると…

・クロマグロが絶滅の危機にあるため

・EU輸入禁止

Q＆Aでメモすると…

・日本の食卓からマグロが消える？

—ＥＵがクロマグロ輸入禁止を検討

—地中海や大西洋でクロマグロが
絶滅の危機にあるため

好感度を演出できる「雑談メモ」のとり方

戦う相手を知り己を知れば、百戦戦っても負けないという意味の言葉が「孫子の兵法」の中にある。ビジネスの場においても、相手を知ることが重要なのはいうまでもない。

そこで活用したいのが「雑談メモ」だ。専用のメモ帳やノートを準備してもいいし、相手の名刺の裏に書き込んでもいい。商談や打ち合わせのあとに気づいたことを記入するのだが、コツはなるべく**細かいことまでメモをする**ことだ。すると、その情報をあとで活かすことができるのだ。

たとえば相手がスポーツが好きなら、どこのチームのファンか、好きなプレイヤーは誰かまで聞いておく。酒が好きなら、好きな酒の種類やどんな店に行くのかを聞いたり、家族の話題が出たら家族構成だけでなく年齢も記しておく。そうすれば次に会ったときに「お子さん、進学ですね。おめでとうございます」といった会話の糸口をつくることができる。

また、商談が終わり雑談に移ったときに、ふと取引先が「ライバルのA社は、最近なん

裏が白紙の名刺は「雑談メモ」として活用する

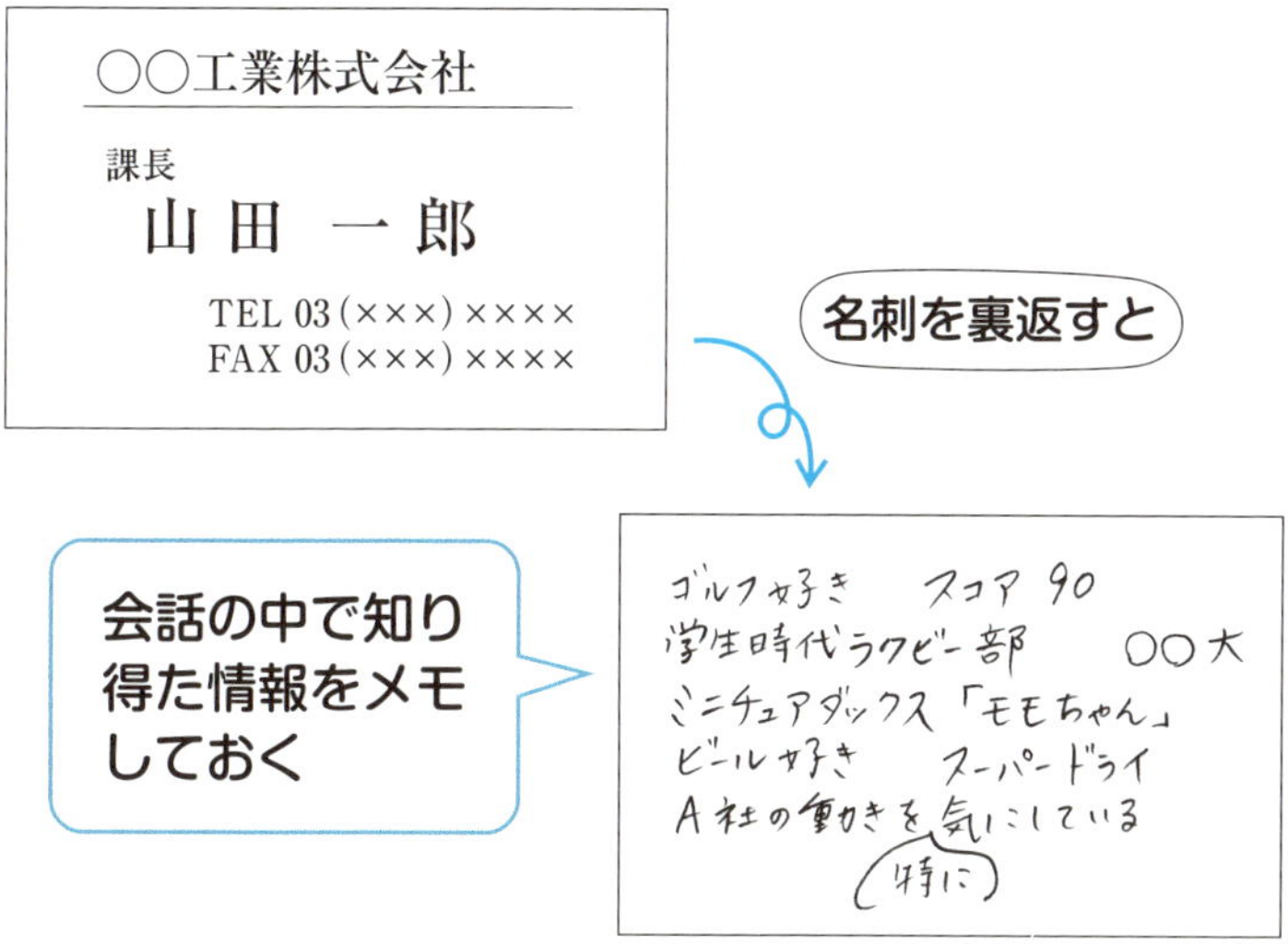
○○工業株式会社
課長
山田　一郎
TEL 03（×××）××××
FAX 03（×××）××××
名刺を裏返すと
会話の中で知り得た情報をメモしておく
ゴルフ好き　スコア 90
学生時代ラグビー部　○○大
ミニチュアダックス「モモちゃん」
ビール好き　スーパードライ
A社の動きを気にしている
特に

だか頑張っているね」と言ったとしよう。

ふだんから会話に注意していなければその場で聞き流してしまうような、こんな情報も忘れないようにしっかりとメモする。

そして、会社に帰ったらさっそく調べてみるのだ。すると、そこからA社が営業部員を増やして販促に力を入れようとしていることとか、新しい商品を開発してその販促キャンペーンを打とうとしていることなどがわかったりする。

さらに、次の打ち合わせのときにこのことを話題にすれば「雑談まで覚えていてくれたのか」と、好印象まで与えられたりする。

とにかく**気になる話題はどんどん書き留めれば、それがいつか役に立つ**はずである。

「主語＋述語」のワンフレーズでメモる

簡潔にメモをとろうとしているのに、どうしてもダラダラと長い文章になってしまい、あとで読み返してみたら何が書いてあるのか、さっぱり意味がわからなかったりすることがある。しかも、自分でメモをした内容を確認するために、さっき会ったばかりの人に改めて確認の電話を入れたなんていう、笑うに笑えない話も少なくない。

そこで、文章やメモの書き方が苦手な人は、**「主語＋述語」のワンフレーズで書く**練習をするといいだろう。

これは、いってみれば英語の文法の要領と同じで、たとえば「Taro comes（太郎が来る）」と主語＋述語で書くだけで、長々と書くより意味がわかる。あとは「月曜日」「13：00」などと、**単語で情報を添えておけばＯＫ**だ。

大切なのは何がどうしたかであり、主語と述語さえきちんと書かれていれば、あとで見直しても内容は十分すぎるほどわかるのだ。

メモは「主語＋述語」で書く

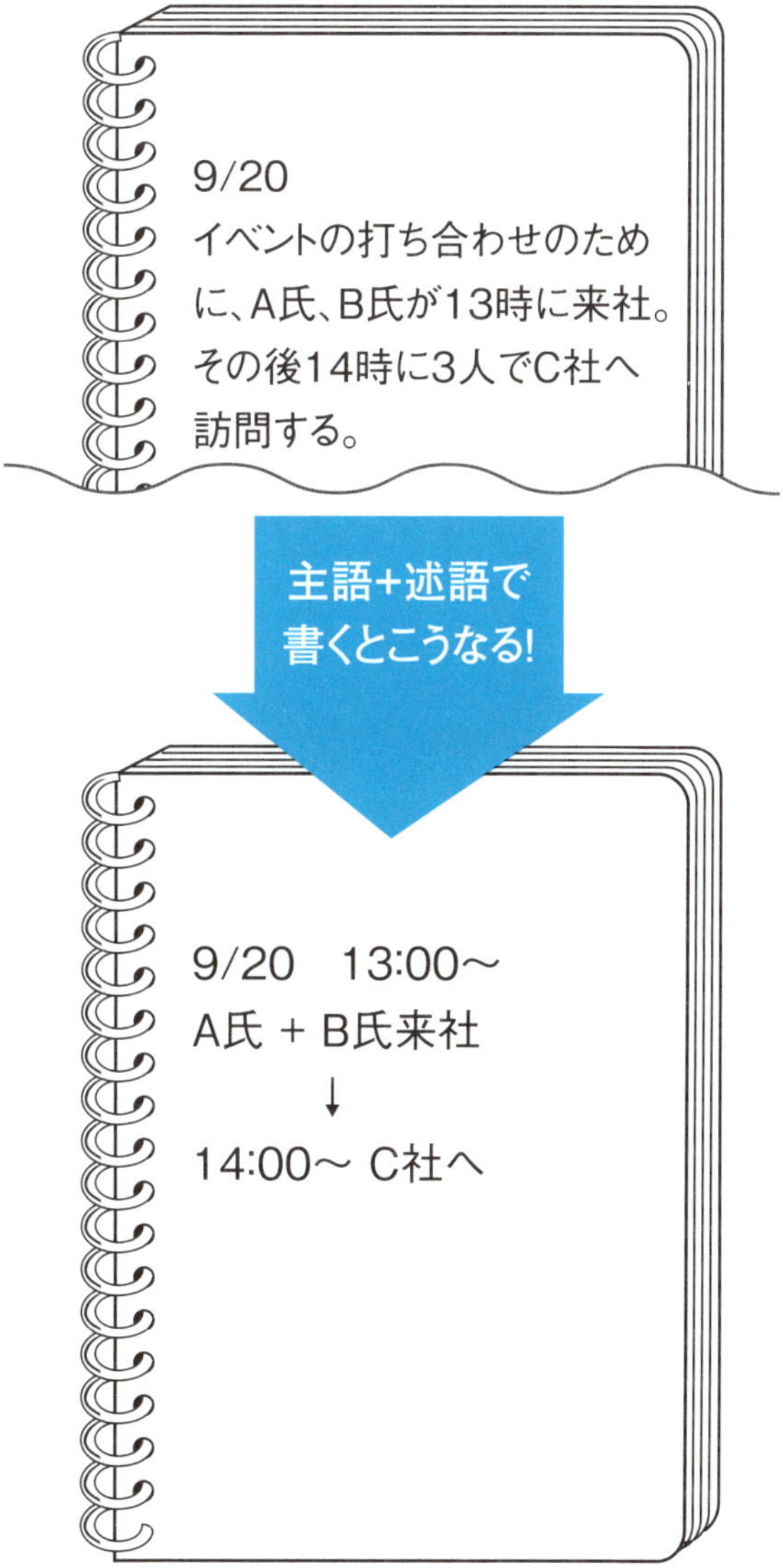
9/20
イベントの打ち合わせのために、A氏、B氏が13時に来社。その後14時に3人でC社へ訪問する。
主語+述語で書くとこうなる!
9/20　13:00～
A氏 + B氏来社
↓
14:00～ C社へ

大・中・小のふせんで〝意味づけ〟をする

特に大事な書類や、重要事項が書かれている箇所にふせんを貼るときは、ふだん使っているものよりも**大判サイズのふせん**を使うようにしたい。

こうしておけば、次に探すときにも見つけやすいし、ふせんに書き込める文字量も増やせる。

ひと口にふせんといっても、伝言用紙にも使えるメモ帳サイズのものから、文庫本に何枚貼ってもじゃまにならない小さなサイズ、さらには重要箇所の近くに貼っておくとその場所がひと目でわかる「指差し」型になっているものまで、豊富なバリエーションのものが売られている。こうしたさまざまなタイプのふせんを使いこなせば、**貼ったふせんに対して自分なりの意味づけを持たせる**ことができるのだ。

どうせふせんを使うからには、最低でも大、中、小の3タイプくらいは用意して、用途と目的によって使い分けるようにしておきたい。

「帯メモ法」なら本の要点をすぐにチェックできる

文庫本からハードカバーまで、書店に並んでいる多くの本にはキャッチコピーが記された「帯」が巻かれている。じつはこれ、日本独特のものなのだ。新刊として販売される本にはほとんどついている。

帯にはその本を売るための情報や推薦者の言葉などが書かれているが、この帯に書かれたおすすめコピーの効果でヒット作となった本も少なくない。

とはいえ、そんな帯も読者にとっては本を手に入れてしまえば無用のもので、なかにはすぐに捨ててしまう人もいるだろう。

ところが、この帯を裏返してみるとわかるのだが、ほとんどが何も印刷されていない無地になっている。

そこで、このスペースを利用して本の中の気になるトピックスやポイント、または人物相関図などを書き留めて**1枚の「読書メモ」**として活用してみよう。

また、心に残った言葉や文章などを書きとめておくと、その帯を見ただけで本の内容を思い出すことができる。

しかも、自分で書いたコメントを見れば、どんな状況でどう感動したのかなどが一気によみがえることもあるし、もう一度読むことでまた違う感想が出てくることもある。

1冊の本に書かれている情報は膨大な量だし、新刊は毎週のように書店に登場している。だからこそ、読んだ内容をその場ですぐに記録しておくことができる読書メモが重要になるのだ。

ちなみに書き込んだ帯は、**裏返しにしたままで本に取りつけておく**のがおすすめだ。そうすれば、いちいち本を開かなくても帯を見れば本の中味をチェックできて便利なのである。

また、読書メモを**書いた帯をスクラップして「読書ノート」を作る**という方法もある。帯の裏表が見えるように透明のクリアファイルか、ブックタイプになっているクリアホルダーが便利だ。自分だけの〝蔵書メモ〟ができるはずである。

最も残しやすい読書メモのスペースはここ！

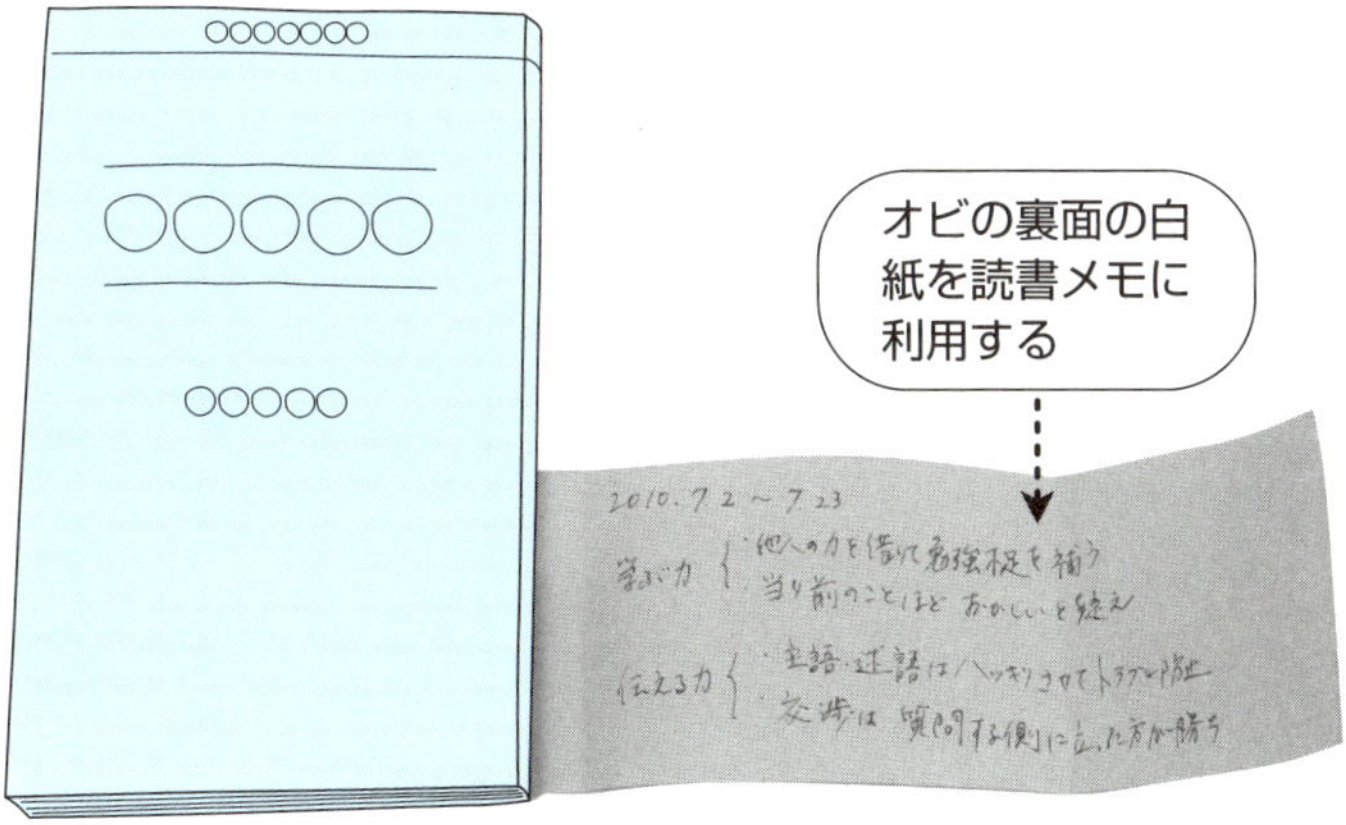
オビの裏面の白
紙を読書メモに
利用する

こんなことをメモしておくと便利

- ビジネス書………　実践できる内容や、読書中にひらめいたアイデアなど
- 小説………………　人物相関図やあらすじ、感想、物語の時代背景など
- 哲学・心理学書…　要点のまとめ、実社会で活かせる点など
- エッセイ…………　心に残った言葉、読後の感想など

本につい書き込みをしすぎてしまう

ペンで線を引きながら本を読んでいると、いつのまにか線やメモを書き込みすぎて本当に重要な箇所がわからなくなってしまうことがある。そこで、本に書き込みをするときには「文字が消えるボールペン」や「消えるマーカー」を使ってみよう。これらは文字が消えるので、書き込みすぎても調整することができる。

ネットを利用して「マルチノート」を作る

ふだん使う手帳にとことんこだわりたい人は、手帳のスケジュール欄やメモスペースなどを手づくりするという手もある。

レフィルのテンプレートを無料でダウンロードできるホームページを活用して、手帳やメモ帳の機能を果たす**「マルチノート」**を自分で作ってしまうのだ。

たとえば、出勤前や休日の朝の時間を活用して、勉強や習い事、交流会などで自分磨きに励む「朝活」を実践している人は、早朝の時間帯にも予定をしっかりと書き込めるスペースが必要になる。

また、市販の手帳では小さくなりがちな週末のスペースにこそ仕事や趣味の予定を詳しく書き込みたいという人もいるだろう。そんな、**自分のスタイルに合った手帳をカスタマイズする**のである。

このようなダウンロードサービスはたくさんあるので、使い比べてちょうどいいテンプ

自分のスケジュールを書き込みやすいレフィルをダウンロード

〈「朝活」が習慣化している人は〉

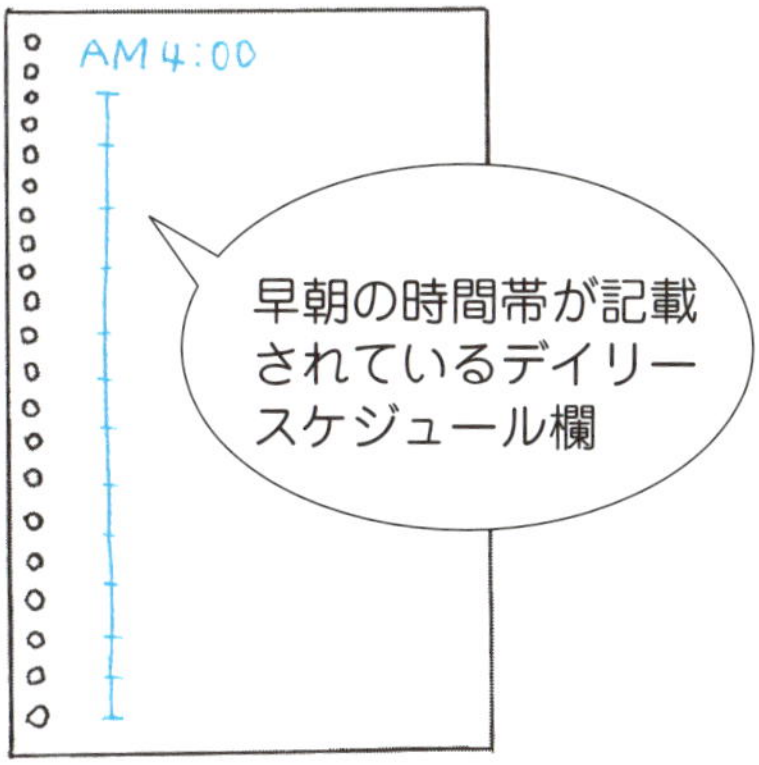

〈土日に働く人は〉

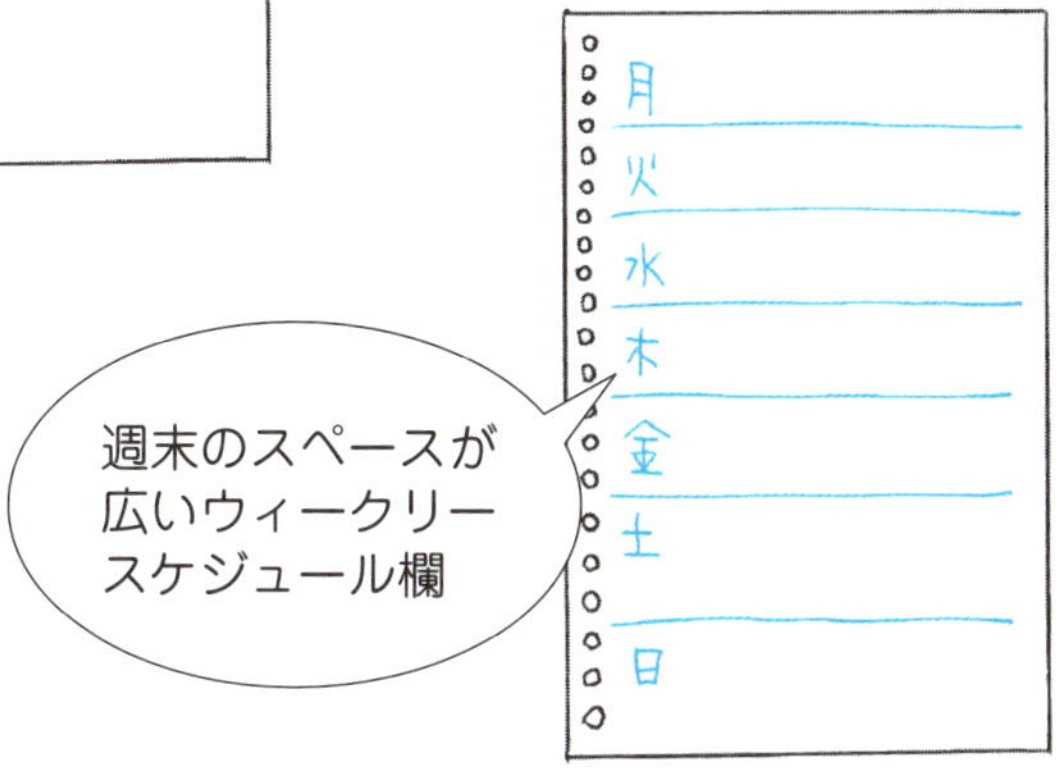

分仕様の手帳ほど使いやすいものはないのである。

◆スケジュール以外は「フリースペース」と考える

市販の手帳を使う場合も、ページ本来の用途にとらわれることはない。

文房具売り場にはさまざまな種類の手帳が並んでいるが、自分の好みにぴったり合う手帳とはそう簡単には出会えないものだ。

市販されている多くの手帳の中には、使う人によってはあまり必要がないページも入っているからだ。

そこで、**スケジュールを書き込むのに必要なページ以外はフリースペース**と考えて、枠や罫線などを気にせずにどんどん書き込んでいこう。

そもそも、手帳にフリースペースとして割かれているページはそう多くはない。そのため手帳とは別に、罫線のない真っ白なページだけのメモ帳を持ち歩いている人も多いだろう。

そこで、手持ちの手帳の大部分をこのようなフリースペースとして使ってしまえば、「手帳」と「メモ帳」の2冊を持ち歩かずにすむようになるのだ。

手帳はお仕着せのまま使う必要はない

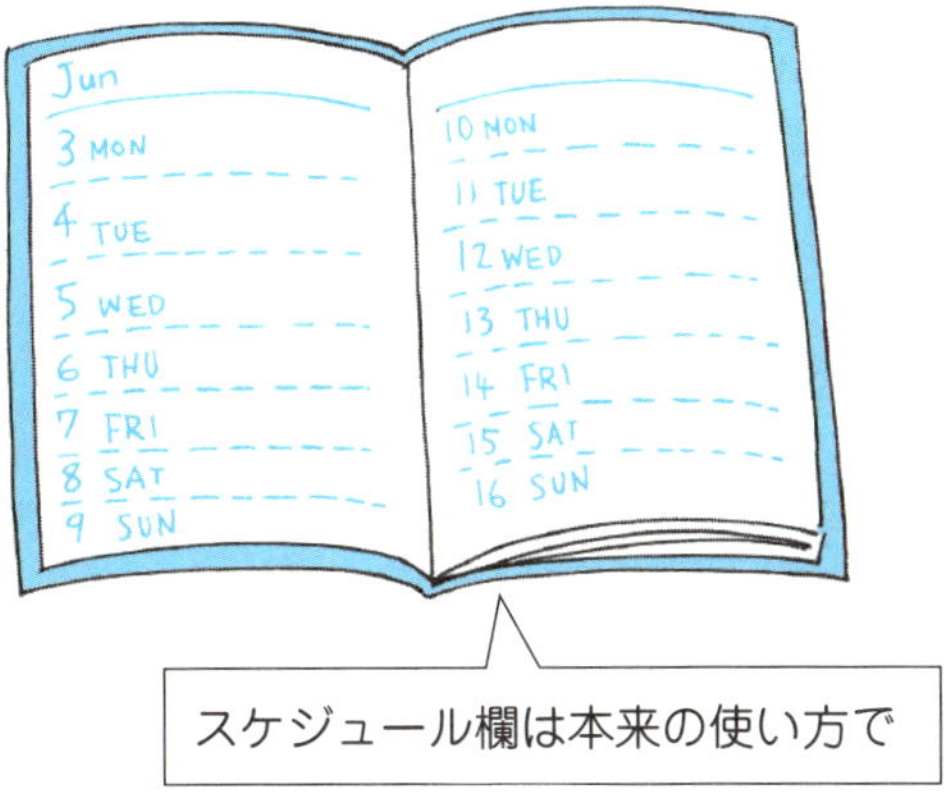

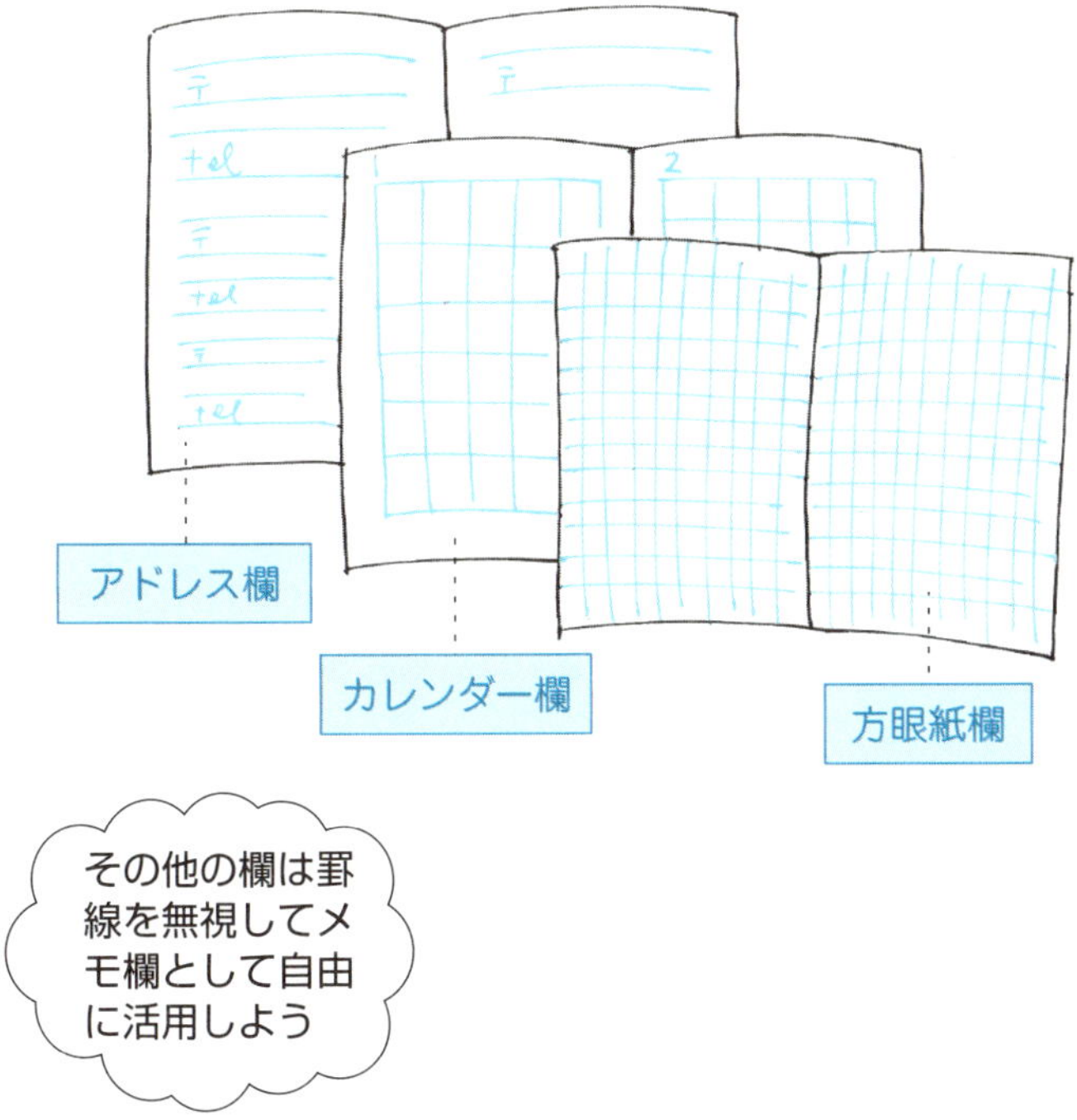

ノートのメモは開いたままで机の上に置いておく

次から次へとやらなければならない仕事は山ほどあるが、どれもスムースに進むとは限らない。なかにはいくら考えてもいい案が浮かばず、気がつけば1時間くらいあっという間に過ぎていたりする。これでは他の仕事に支障をきたすだけだ。

そこで問題にぶつかったらまず、10分間考えてみよう。集中して10分ほど考えて解決の糸口が見つかれば、そのまま進める。しかし、いい案が浮かばなかったら、そのことをしっかりノートにメモして他の仕事にさっさと移るのである。

肝心なのは、切り替えたらすぐに忘れてしまうこと。きちんとメモをしたのだから、たとえ忘れても問題はない。へたに頭の隅においておくと、ほかの仕事をしていても集中できなくなる。

そして、あとでそのメモを見ながらじっくり対処すればいいのである。ちなみに、メモをしたノートは開いたままで机の上に置いておくようにすること。

さっとメモるにはPCよりふせん

1日中パソコンを使っている人の中には、ちょっとしたメモ書きでもパソコンに打ち込んでいる人がいる。だが、ふとしたひらめきやアイデアを書きとめておくにはパソコンは不向きだ。パソコンの「メモ帳」を起動させ、打ち込むというわずかな間に「よく考えてみるとたいしたアイデアじゃないな…」となるからだ。

思いついたことなどをサラリとメモするには、前述の通り、ふせんのほうが向いている。ふせんは、持ち歩きのじゃまにならないし、メモをしたら手帳に貼っておける。

あとで見返して、不要だと思えばはがして捨てられるし、重要度の高いメモは目立つ位置に貼っておくこともできる。常にカバンの中に入れて持ち歩いておきたいグッズだ。

◆とっさのアイデアにはお札型のメモ用紙に書く

たとえば昼休みにふらりと社外に出たときなど、何も書くものを持ち合わせていないときに限って、とっさに面白いアイデアやプランが浮かぶことは少なくない。ひらめきは意外とプライベートタイムにやってくるものだ。

そんなときにあると便利なのが、**お札サイズのメモ用紙**だ。よく考えると、仕事中だろうが休憩時間だろうが、現金やカードなどの貴重品が入った財布は持ち歩いていることがほとんどだ。

となると、財布の札入れに入るサイズの紙を何枚か入れておけば「書くものがない」といってあせることもない。ついでに、小型のボールペンも入れておくと完璧だ。こうして財布に筆記用具を入れておけば、毎日使う財布が〝**緊急用の情報集積基地**〟になるのだ。

◆ポケットメモ帳は〝単機能〟に徹する

お札サイズのメモ用紙はたしかに便利だが、枚数としては物足りないという人には、やはり**ポケット型のメモ帳**だ。ドラマなどで刑事が聞き込みのときに使っているような、手のひらにスッポリと納まるものだ。

このポケットメモ帳を使うときは、書いたものを保管しようなどとは思わずに〝**ただのメモ**〟としての単機能に徹するべきである。思いつきやアイデアをとっさに書きとめたり、

人の話を記録しておくためだけのメモ帳として特化するのだ。

だから、高価なものより100円ショップで3冊100円（A6判）で売られている程度のもので十分。安いもののほうが思いっきり使えるというものだ。

また、仕事の打ち上げの店の名前と電話番号を書いたページを相手に渡したり、観たかった映画などの情報を書いて手帳にはさんでおいたりと、ページを破いても気にならないものを探したい。

あくまでも、1冊を**使い終わればそのまま捨てられる気軽さが大切**だ。メモはどんどん書きまくろう。

数字を毎日メモすると金銭感覚が身につく!?

〝数字はどうも苦手〟という人に、おすすめの計数感覚鍛錬法がある。それは「簡易家計簿」をつけることだ。

家計簿といっても、きっちりと項目分けをして何にいくら使ったのかを細かくつけていくものではない。ノートや手帳に毎日出入りした**金額を機械的にメモ**していくのである。

ここでポイントとなるのは、収入と支出の数字だけをただひたすら列記していくということだ。

たとえば、自販機で買ったジュース代からコンビニで買った昼食の弁当代、電車賃、銀行から引き落とされた金額、手数料に至るまでを、とにかく細大漏らさずにすべて記録していくのだ。

このような記録を続けていくと、数字の頭に具体的に「○○代」という項目がついていなくても、そのうち数字を見ただけで何に使った金額かがわかるようになってくる。

“お金ダイエット法”簡易家計簿の記入例

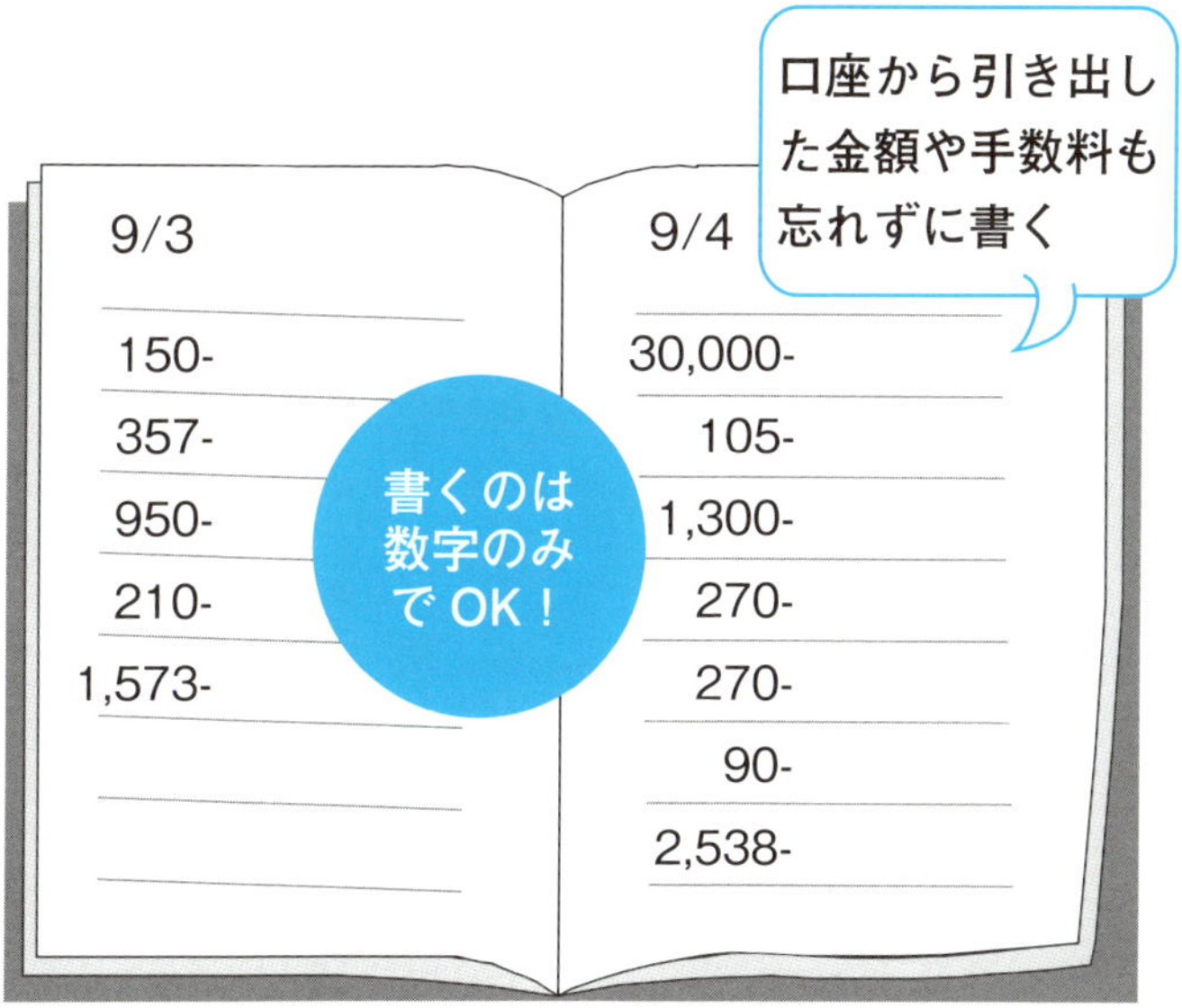

ようするに、ふだんでは考えられない「3万6000円」という〝大金〟が記載されていたりすると、いったい何に使ったのかを真剣に思い出そうとする気持ちが働くわけだ。

　こうして数字を書き込んでいくたびに、数字に対する金銭感覚やコスト感覚が自然と身についていき、そのうちに数字を見ただけで、その**数字が何を意味しているのかがわかる**ようになっていくのだ。

　この作業を続けていけば、数ヵ月後にはお金に対する感覚が確実に変わるはず。メモをするだけで**ムダな出費もダイエットできる**というわけだ。

1ページごとに同じ色でまとめる

会議や研修、打ち合わせのときに渡された資料やデータの大切なポイントを○で囲んだり、アンダーラインを引いてチェックしながら話を聞くのは誰もがやっていることだが、このときに同時にペンの色を色分けしておけば、あとで要点を整理するのに便利で役に立つことが多い。

その内容が簡単で、すぐに理解できるものなら1色でもかまわないが、たとえば複数の要素が含まれている資料は日頃から3色ボールペンを使って色分けをする習慣を身につけておきたい。

3色ボールペンについてはすでに触れたが、**色ごとにあらかじめルールを決めておく**のが基本。たとえば、「最重要＝赤、重要＝青、普通＝黒」、「疑問点＝赤、共感＝青、発見＝黒」といった具合いだ。

こうしておけば、赤色でマークした箇所に目を通すだけで、最重要ポイントや疑問点を

色ごとに情報を１ページにまとめる

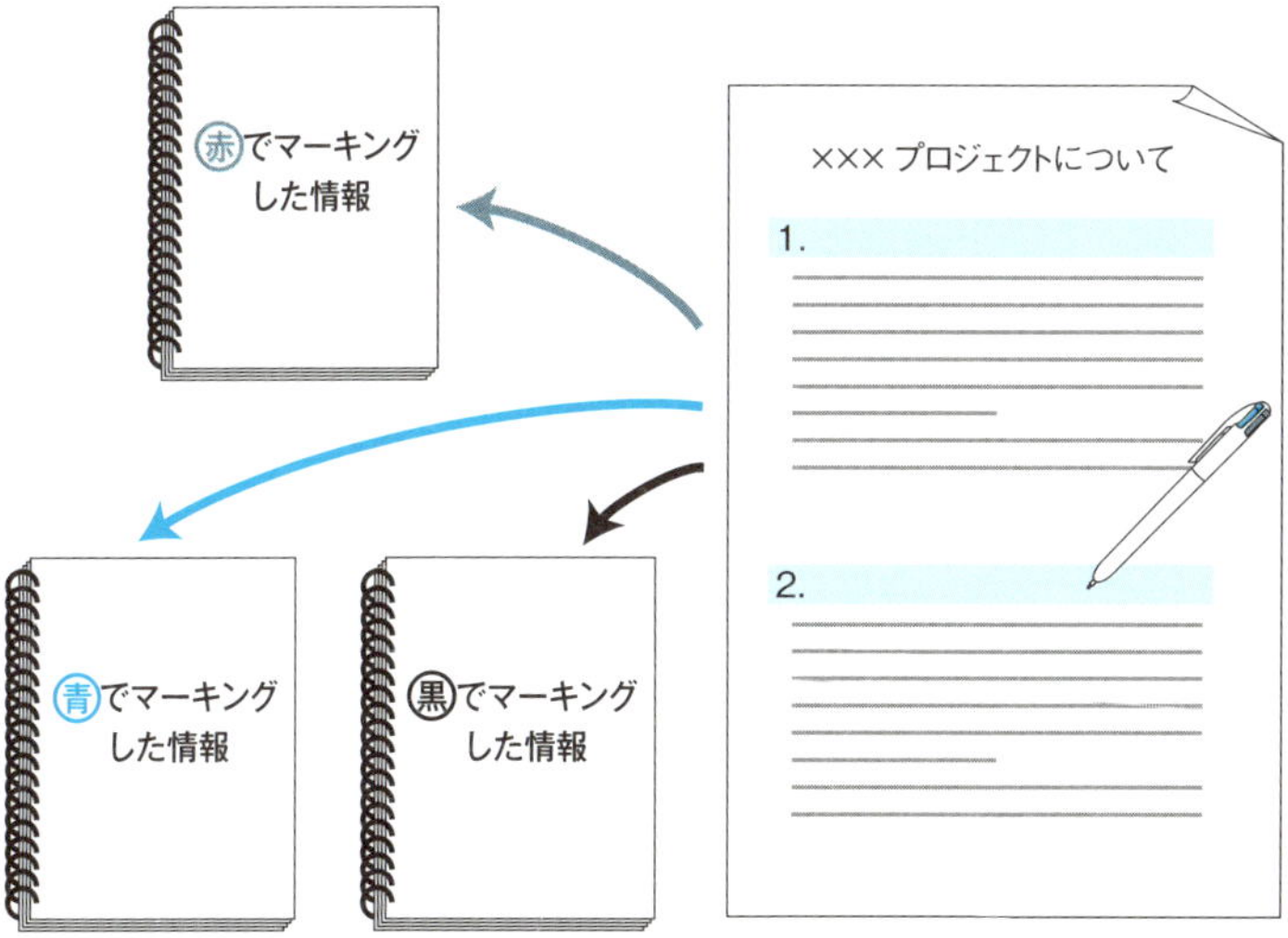

ひと通り把握することができて時短になる。

さらに、**同じ色ごとに内容を1ページにまとめる**と、必要な情報がきれいに分類されるのだ。

また、一度目を通した資料はすでに色分けをして要点がわかりやすく整理されているので、会議の内容を自分の部署に持ち帰って説明するときにも便利だ。結論から入れるので、聞いている方もわかりやすい。

時間がとれないときは赤でマーキングした部分だけをかいつまんで話すだけで、重要事項を漏らすことなく説明することができる。

たった2項目の追加でアイデアに立体感が生まれる

A

効果的なプロモーションは？
↓
ブログを立ち上げる
・女性視点
・キャラクターも登場して
親しみやすく

B

4/20、19：30、カフェにて
クライアントからTEL
「新商品のプロモーション
を検討」
↓
女性向け媒体の空き枠を
カクニン

面白いアイデアが浮かぶときというのは、何も机に向かっているときだけではない。〝いざ〟というときのために、アイデアを書き留めるメモ帳はひと時も離したくないものだ。

そんなメモ帳の書き方として理想といえるのは、前述したように、思いついた「場所」と「日時」がしっかりと**1ページの中に納まっている**ことだ。

上の図を見ると、どちらも簡潔な内容ではあるが、アイデアをもっと膨らませるという意味では、Bに軍配が上がるはずだ。

たった**2つの項目を追加する**だけで、アイデアに立体感が生まれてくるのである。

脳が活性化する！ A4サイズの「裏紙メモ」

いらなくなったA4サイズの裏紙を1/2や1/4の適当なサイズにカットしてメモ用紙として使っている人は多い。

しかし、裏紙はそのままのA4サイズで、メモとして使ったほうが脳を活性化させる効果がある。

この「裏紙メモ」には、ふだんノートに書くように小さな文字でアイデアを書きとめる必要はない。

むしろ大きな文字でキーワードを書き連ねたり、下手でもいいから図や絵にして書き込んでいこう。そうすれば、いつもとは違ったアイデアが出てきたりするものだ。

たとえば、まだ準備段階にあるプロジェクトについての打ち合わせなど、自由な意見を出し合うブレストの場にはこの「裏紙アイデア帳」を欠かさずに持っていたい。

自由に手書きできる紙が大量に手元にあると、自分の考えをアウトプットするのに便利なのである。

ちなみに、この「裏紙アイデア帳」は、いらなくなったＡ４サイズの裏紙をクリップで止めておくだけで簡単に作れるスグレモノだ。

また、このＡ４サイズの裏紙を「裏紙入れ専用」のクリアファイルにストックしておくのも便利だ。クリップで束ねただけよりも見栄えはいいはずだ。会議室で打ち合わせをするときなどにはこのファイルを持っていくだけで済む。

脳を活性化させるには、いつもパソコンと向き合っているだけではなかなか難しい。ときにはこのように〝大判のメモ〟を利用して、自分の手を大きく動かして**頭の中にある情報をアウトプット**したり、整理してみることも必要なのである。

A4用紙の裏紙は「オトナの自由帳」

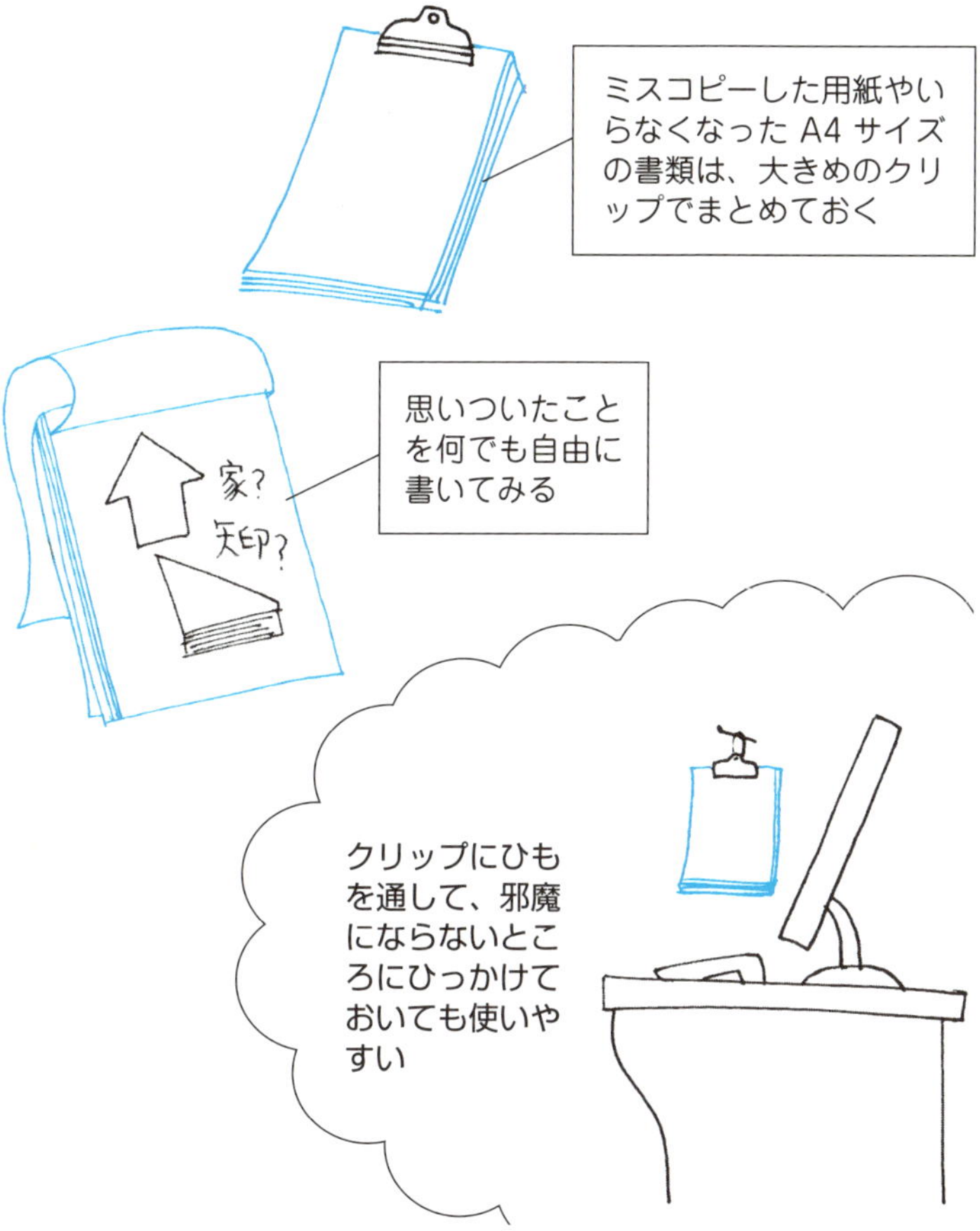

情報を素早くメモしたいときに限って芯が折れる

いろいろな種類が出回っているシャープペンシルだが、急いで書こうとしてつい力が入ってしまうと芯が折れやすいのが難点だ。そこでおすすめしたいのが、書くプロである速記者が使っている芯が太い９ミリのシャーペンだ。これなら簡単に芯が折れてしまう心配もなく、スラスラと書くことができる。

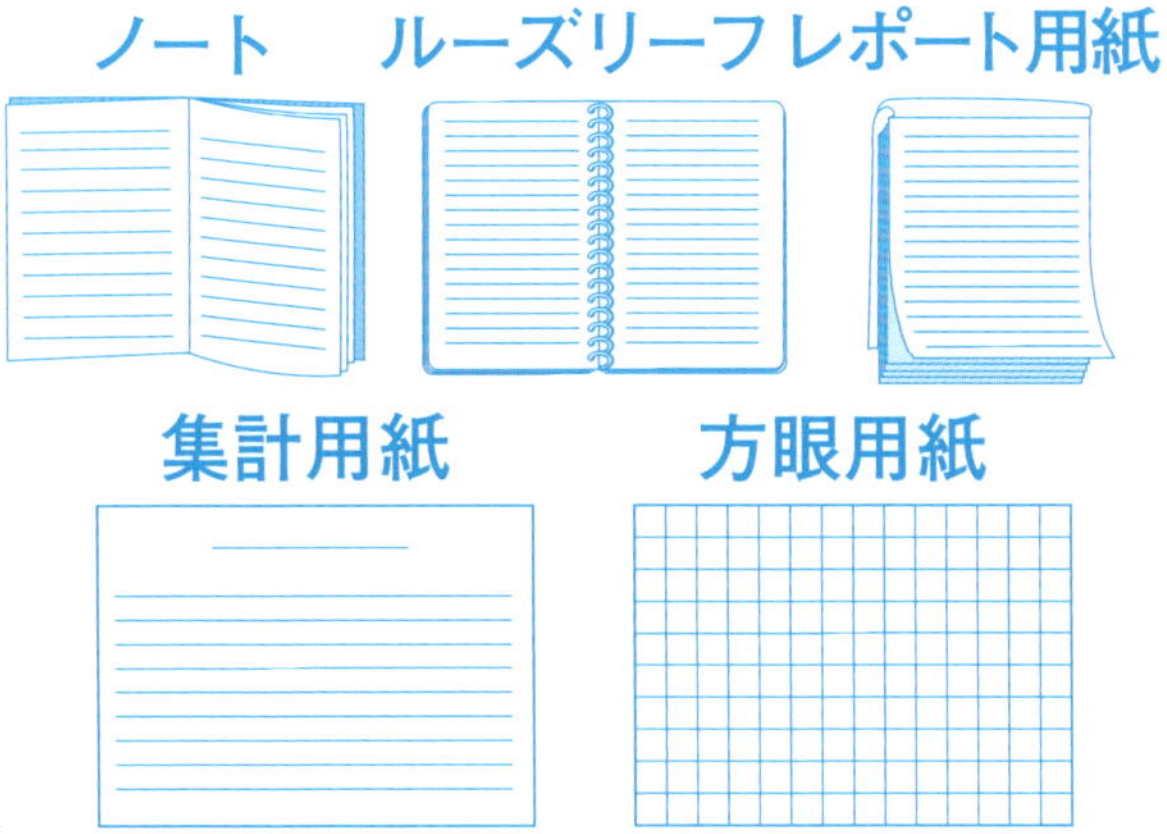

便利な〝会議用〟のスリムノート

ノートにはＡ４、Ａ５、Ａ６、そしてＢ５、Ｂ６、Ｂ７、Ｂ９などの各サイズがある。たとえばバッグに入れやすいＡ５判のノートは、開いてコピーするとオフィススタンダードのＡ４サイズになる。最近は「会議中に手で持ってメモを読む」ことを前提とした、持ちやすく読みやすいスリムなノートも発売されている。またレポート用紙や集計用紙、方眼用紙などの〝ノート〟も用途に応じて使いこなしたい。なお横罫の幅にも、「Ａ罫」（７ｍｍ）、「Ｂ罫」（６ｍｍ）、「Ｃ罫」（５ｍｍ）があり、目的に応じて選ぶことができる。

COLUMN

シュレッダーバサミ

個人情報などを細かく切る

ラシャ切りバサミ

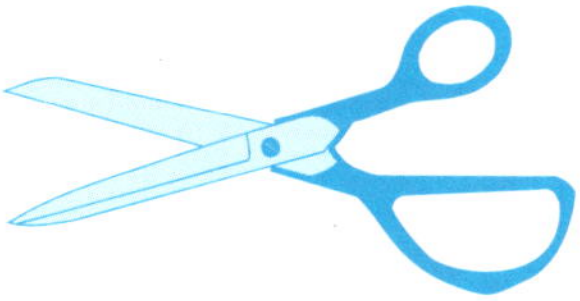

ダンボールや厚紙がラクに切れる

左利き用はひとつあると便利

ハサミはオフィスになくてはならない文房具のひとつだが、2、3種類を揃えておいて、何を切るかで使い分けると便利だ。たとえば、本来は布を切るための「ラシャ切りバサミ」（裁ちバサミ）は、ダンボール紙や厚紙も簡単に切ることができる。しかし、左利きの人にとって「右利き用」を使うのはかなり不便なものなので、ひとつくらいは「左利き用」を置いておいたほうがいいだろう。また、刃がいくつも平行して並んでいて、紙を細い線状に切り刻むための「シュレッダーバサミ」は、秘密保持や個人情報保護のために利用できる。

単3電池1本で机上がきれいになる卓上掃除機

消しゴムの消しカスや、作業をしたときに出る小さな紙くずや、自分の席でランチをとった後の食べ物のカスなど、デスクの上にはさまざまなゴミやホコリがある。それらを吸い取り、仕事をする環境を整えて気分よくデスクに向かうために置いておきたいのが、〝卓上掃除機〟だ。コード式だとデスクの上を掃除している間にコードがモノに引っかかって下に落ちたり、何かを倒したり…という恐れもあるが、電池式だと、そんな心配もなく短時間でデスクがきれいになる。

5章

最短時間で結果につなげる、たった1ページのノート術

ノートから手帳にスケジュールは書き写して管理する

手帳というと、スケジュール管理だけでなくメモ帳としても使うことはめずらしくないが、メモ帳としての使い方の比重が高くなっている人は、とかく手帳の中が乱雑になりがちだ。

仕事関係の見積りの金額から連絡事項、ふと思いついたアイデアまで、とにかく何でも雑然と書き込んでしまって、あとで見返したときにどこに何が書いてあるのかさっぱりわからなくなってしまうことがある。

そこで、そんな人にはスケジュール用の手帳とは別に、**メモ専用の手帳やA6判のノートを持つ**ことをおすすめする。

このメモ専用ノートには、「○月×日　A社　△△氏」などと、日付と、どこで誰と会ったかがしっかりわかるように明記したうえで、打ち合わせの内容や商談のメモ、覚え書き、次回の予定、企画のネタ、ちょっとした思いつき…など、とにかく自分が**気になった**

ノートからスケジュール帳に書き写す

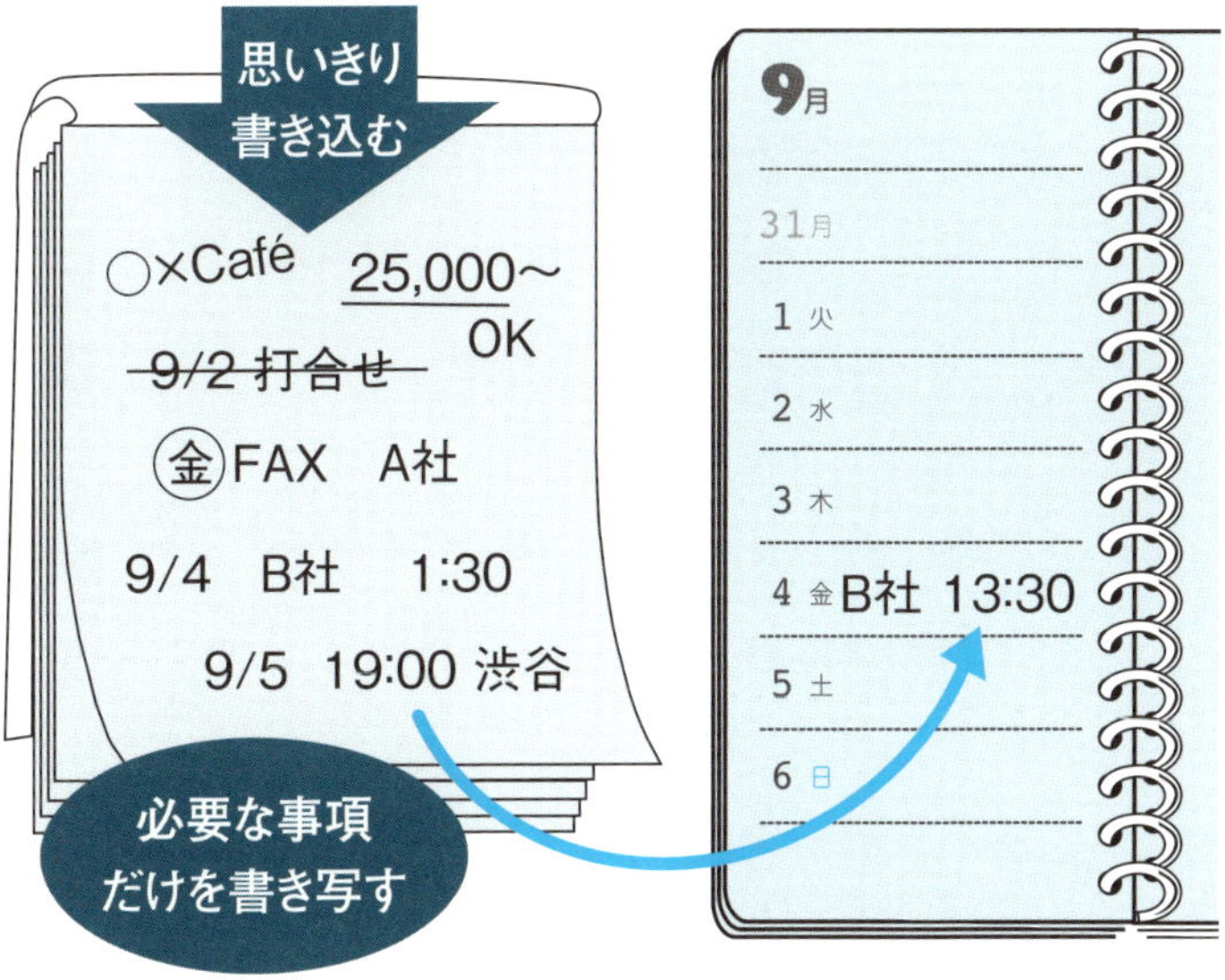

ことは何でも記録して残しておくのだ。

そうして、その日のうちにこのメモ専用のノートを見ながら、本来のスケジュール管理用の手帳のほうに必要なことだけを選別して書き写せばいいのだ。

たしかに二度手間にはなるが、こうすれば打ち合わせの内容を再確認することもできるし、スケジュール管理も万全となる。

しかも、**必要な事柄だけを再確認して〝書き写す〟**ので、変更や追加を自由にできる。最新の、もっとも確実なことだけがスケジュール帳に載るわけだ。

締切りを二重チェックできるミスを防ぐメモリ方

忙しいときに限ってなぜか予定外の仕事が入りやすいものだ。そんなときは、スケジュール通りに仕事が進まなくてイライラするものである。かといって、締切りの期日が決まっている場合には「できませんでした…」では済まされない。

そこで、期日までに確実に仕事を終わらせるための方法としてスケジュール帳の書き方をひと工夫したい。締切りの日程をスケジュール帳に書き込むときに、**締切り日の1週間前と2日前にも同じ内容を同時に書き込む**のである。

こうしておけば、ゆとりをもって1週間前から仕事に着手できるし、仮に仕事が立て込んでしまって締切り日の1週間前に手がつけられなかったとしても、2日前にもう一度確認できるので確実にやり遂げることができる。

締切り日当日↓2日前↓1週間前と、**同じことが3回も書いてある**ので、忙しくて締切り日を忘れた、締切り日を勘違いしていたというミスを事前に防げるようになる。

締切りは3回チェックする

「単語カード」1枚にひとつが原則 終わったそばから外していく

ネット全盛の時代に超アナログの代表ともいえるのが、英単語などを暗記するのに便利な単語カードだ。

このカードの「束ねて持ち運びやすい」という特長を活かせば、暗記以外にもさまざまな用途で利用できる。

たとえば、**単語カード1枚につき1つの予定や、するべきことを書いていき「ToDoリスト」として使ってみよう。**カードの裏には、その仕事やすることをいつまでに終えたいのかを書いておくのだ。

そうして、予定が終わったそばからカードを1枚ずつ外していけば、残っているカードの厚みを見ただけで進捗状況がひと目でわかるようになる。「あと少しで終わるから頑張ろう！」というような目安にもなるだろう。

また、外したカードは捨てずにノートや手帳などに並べて貼っていけば、スケジュール

単語カードを使ったTo Doリストの活用法

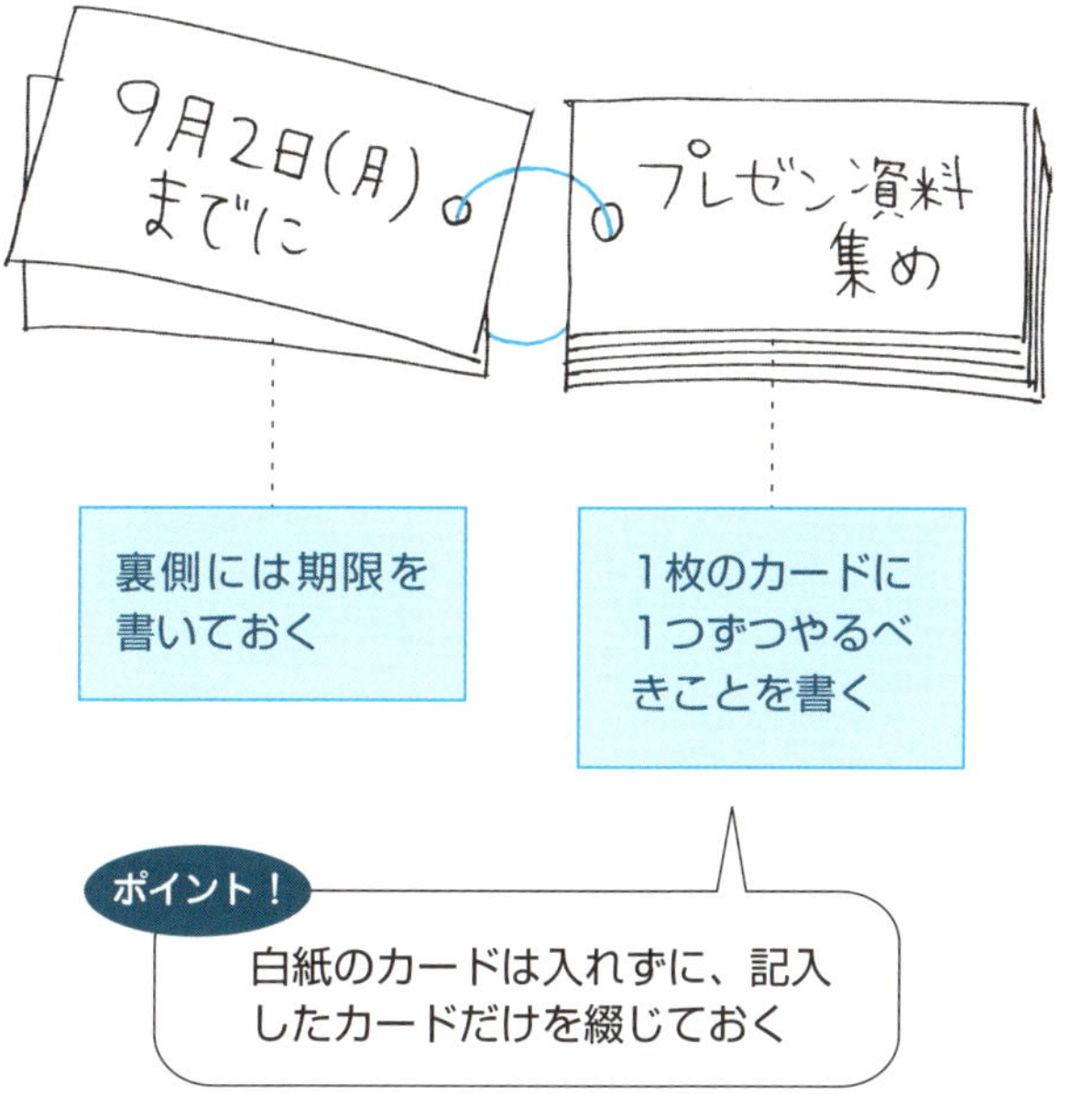

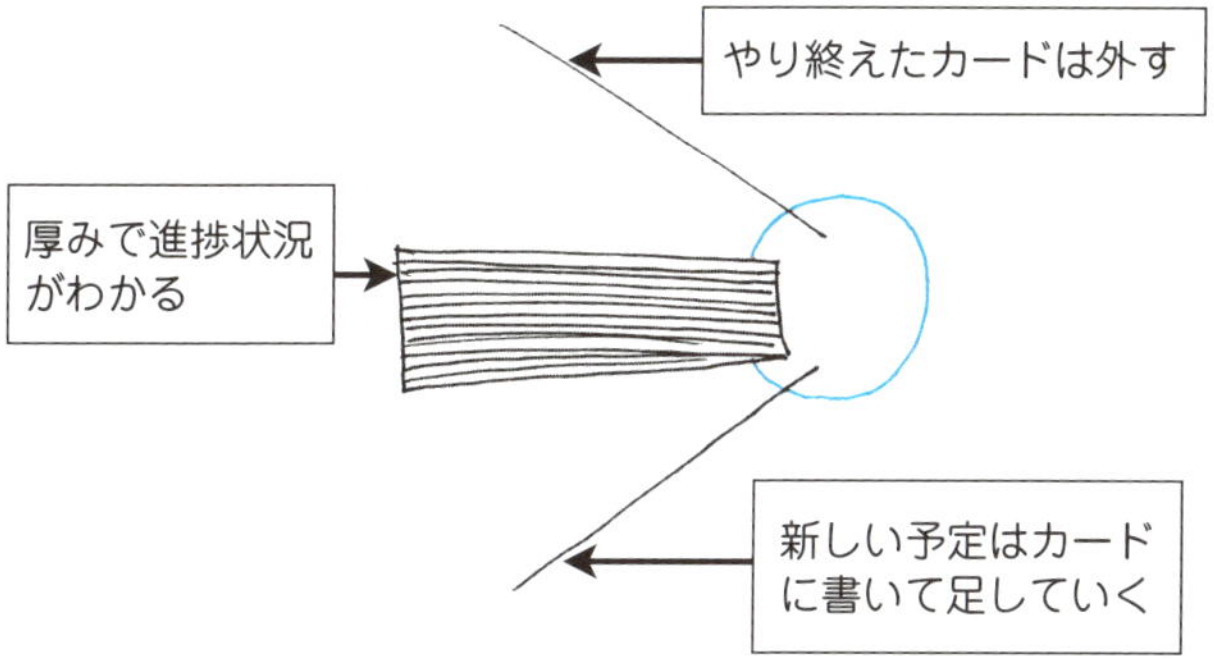

をもう一度確認して管理することもできるというわけだ。

その際に、新しい情報があればノートに書き加えていき、変更になったことは修正しておくといい。それがそのまま報告書の下書きにもなることもあるのだ。

また、**単語カードは自分の仕事の目標や、先人の名言などを記した「モチベーションカード」にすることもできる。**

パソコンのモニターの下あたりに貼っておくと、気分が落ち込んだときに自分を奮い立たせることができる。

こうして自分の目標を常に目で確認できるようにしておけば、やる気のスイッチもすぐに入るようになるはずだ。

ところで、単語カードで小さすぎるという人は**「京大式カード」**がおすすめだ。「京大式カード」とは、ふつうの単語カードより大きめのＢ６サイズで、ファイル用の穴が２つ開いているのでファイリングすることもできる。大きすぎず小さすぎずのこのサイズは使い道を選ばない。

そのほかにも、ふつうの単語カードを長めにしたものもあるなどサイズはいろいろだ。

１枚に１つ名言を書き、モチベーションアップに

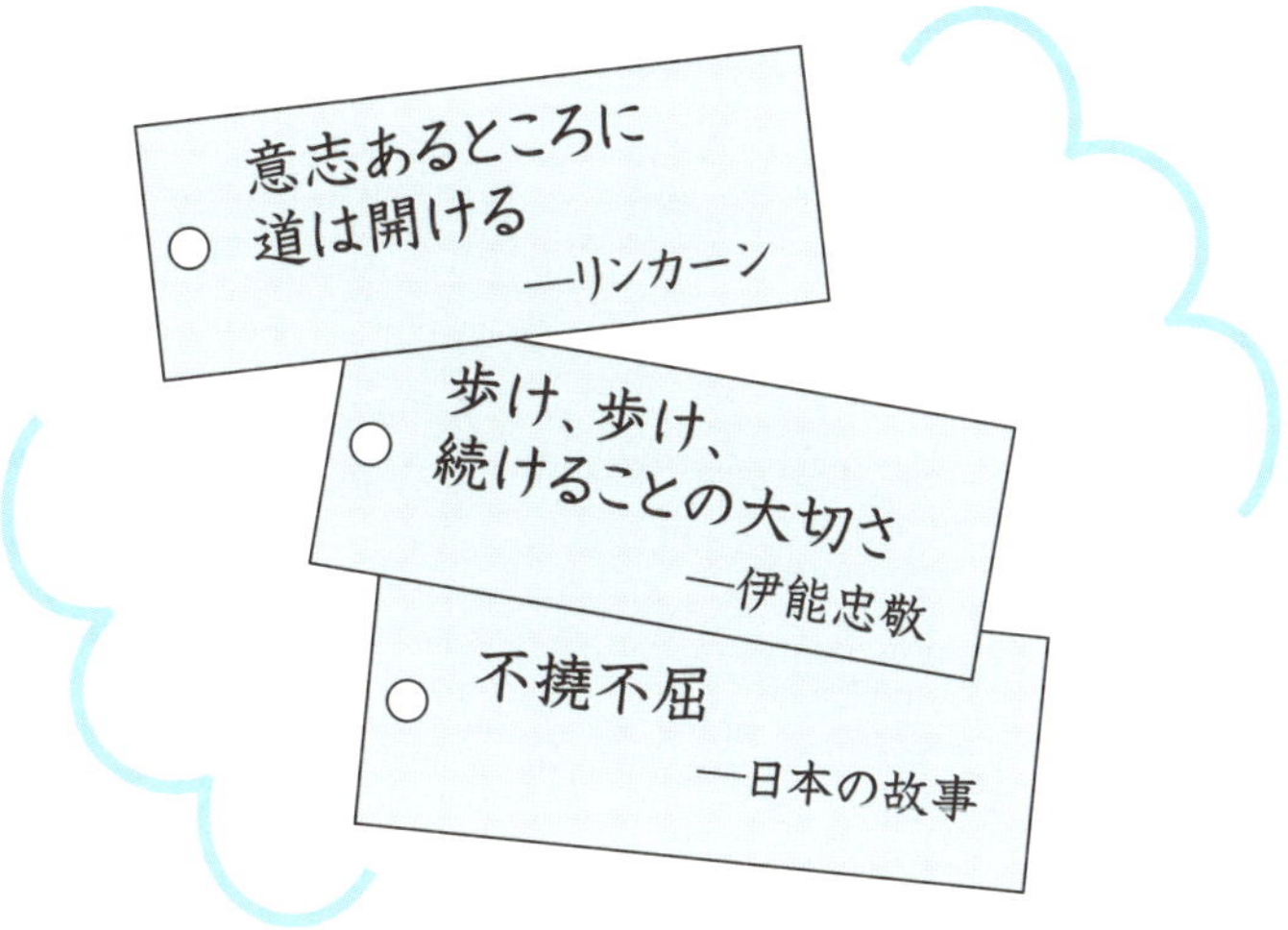
意志あるところに
道は開ける
―リンカーン
歩け、歩け、
続けることの大切さ
―伊能忠敬
不撓不屈
―日本の故事

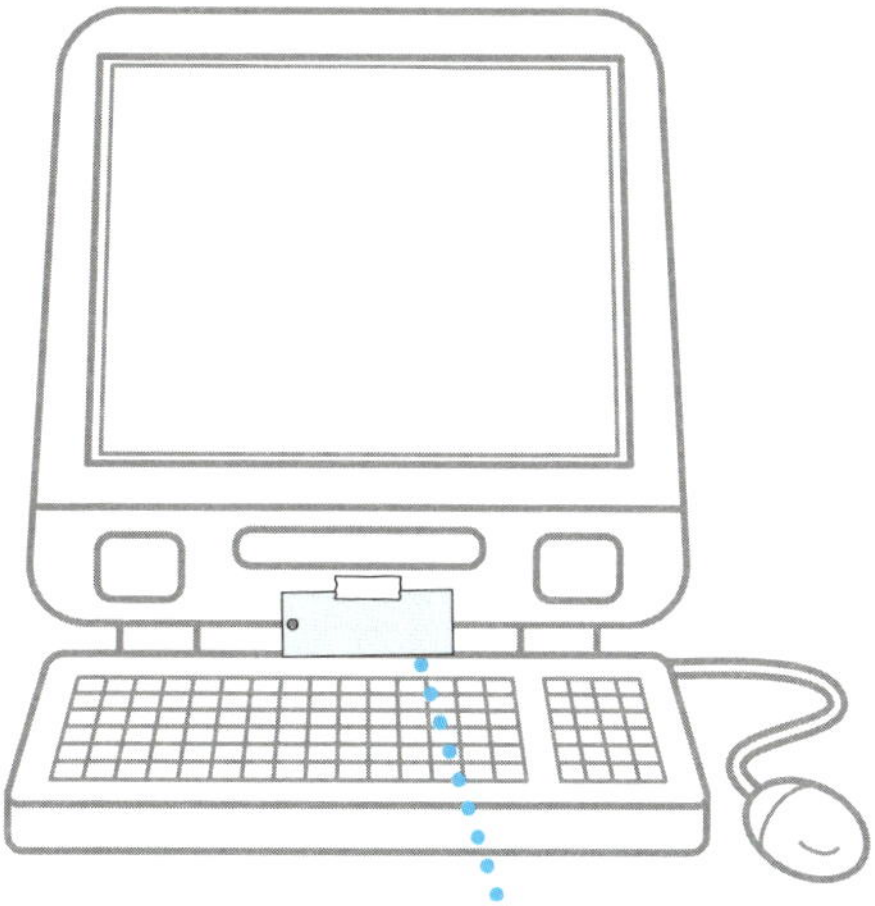

モチベーションを高める「今日の名言」を目の届く場所に貼っておく

1週間のやるべきことは「◎」「○」「●」で区分する

食事の用意から洗濯、ゴミ出し、トイレットペーパーの補充まで、ビジネスパーソンでひとり暮らしともなると、仕事以外にもやらなければならないことは多い。

そこで、1週間のうちにやらなければならないことは**「TO DOリスト」**を作って書いておこう。

やり残しや、やり忘れをなくすために、その週にやらなければならないことをスケジュール帳の余白スペースなどにすべてメモをしておくのである。

このときに注意したいのは、**書き出した項目は優先順位をつけておく**ことだ。たとえば、すぐやるは「◎」、できるだけ早くは「○」、後でもOKは「●」などと、記号やアルファベットを使って区分けするのである。

そうして、**処理が済んだら必ず「✓」のマークを付けていく**のだ。この作業を地道に続けていくと、間違いなく自己管理能力が身についていく。

「TO DOリスト」の記入例

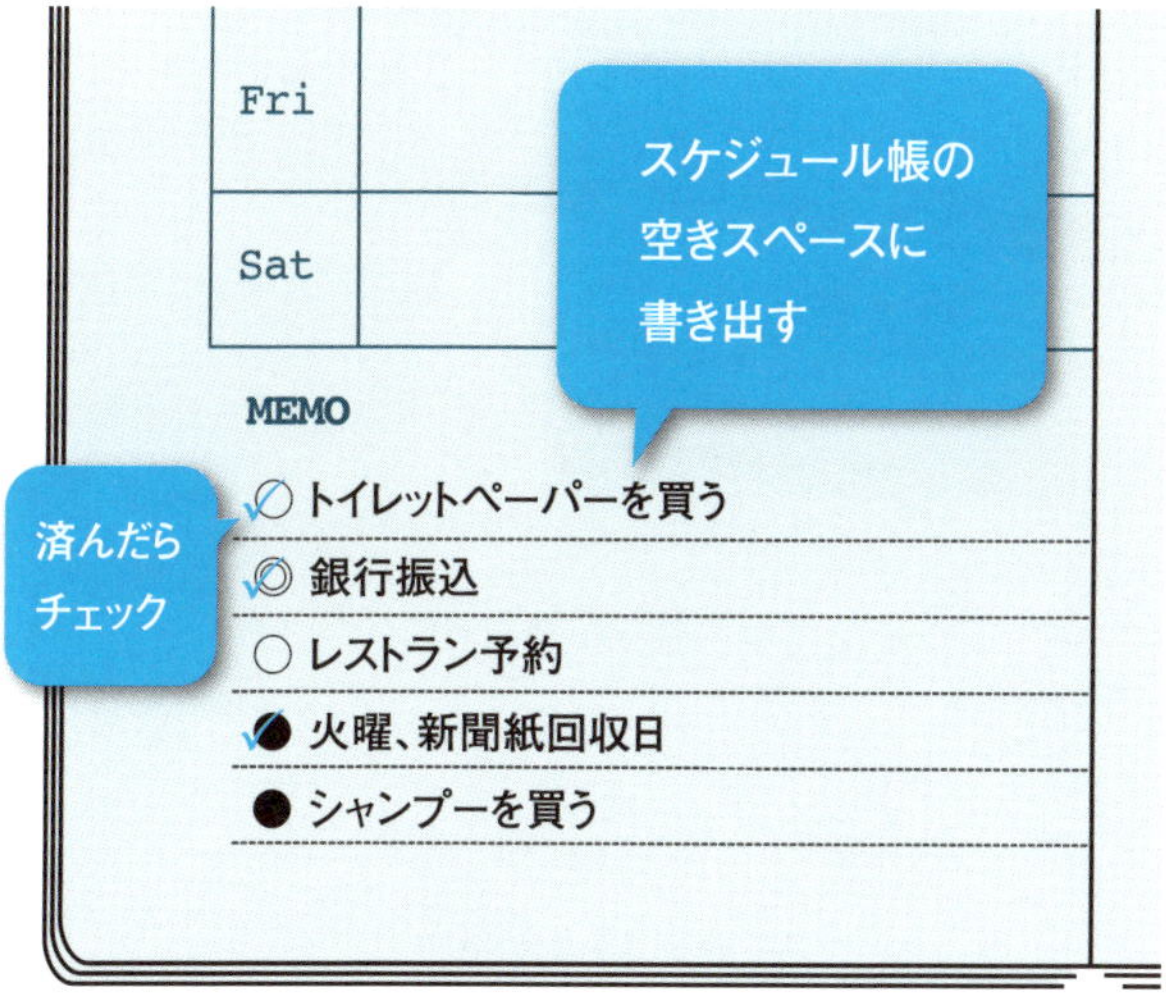

◆手帳の書き込みは赤ペンでチェックする

手帳に克明にメモをとるのはいいことなのだが、じつは書きっぱなしであとで見返さないという人は意外と多い。

メモを見返すというのは仕事の進み具合をチェックすることになるし、すべての仕事が終われば、気持ちよく次の仕事にとりかかるための心の切り替えスイッチの役割も果たす。習慣づけておきたい作業なのである。

そこで、手帳の**メモ欄に書いた項目をその都度、消していくクセをつける**ことをおすすめする。やり終えた仕事は赤ペンなどの目立つ色の筆記具で、予定が終わったそ

処理済みは色ペンでチェック

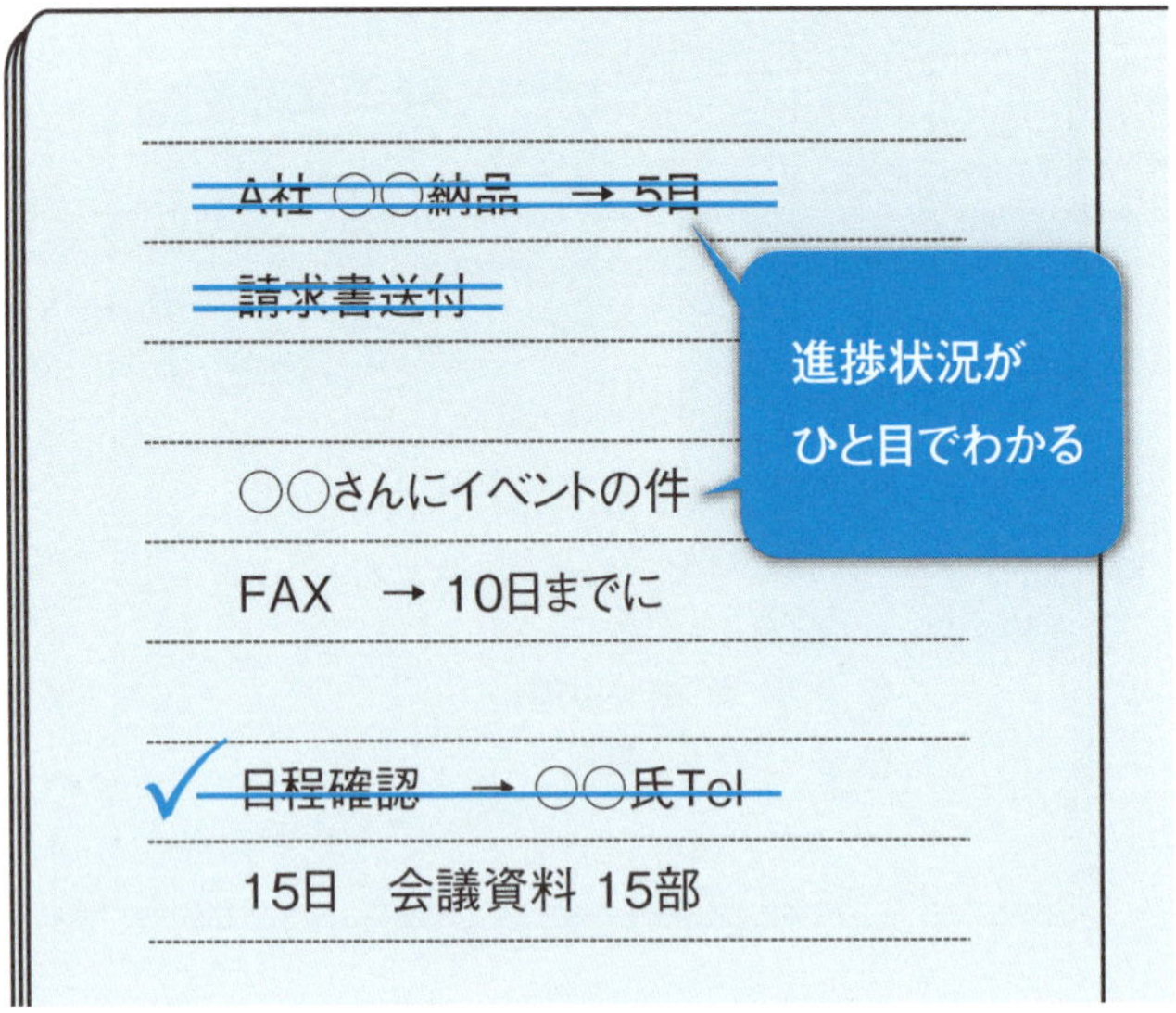

ばからすべて「✓」や二重線でつぶしていくのだ。

たとえば、「○月×日14時　A社□△氏」という書き込みの予定が無事に終了していれば、その項目を二重線で消す。

こうしておけば用が済んだ項目とそうではない項目とが、色づかいによってはっきり識別できるようになる。視覚的にも仕事の進捗状況がひと目で確認できるのだ。

とにかく、**必ず色つきのペンで消す**ことを実行することで、本当に必要なことのみをメモする習慣も身についてくる。

月曜のスタートダッシュをするには金曜日の午後に計画する

週末までに終わらなかった仕事は、たいてい「じゃ、来週でいいか」となったりする。だが、ここで翌週の計画と準備をきっちりしておかないと、仕事はどんどん溜まる一方になってしまうことになる。

そこで、**金曜日の午後に残っている仕事も含めた翌週1週間のスケジュールを立てる**のだ。そうすれば、週が明けた月曜日を気持ちよくスタートさせることができるのだ。

これなら、突然入った予定にもフレキシブルに対応できるし、残業をしなくてすむ。

スケジュールは“金曜日”に決める

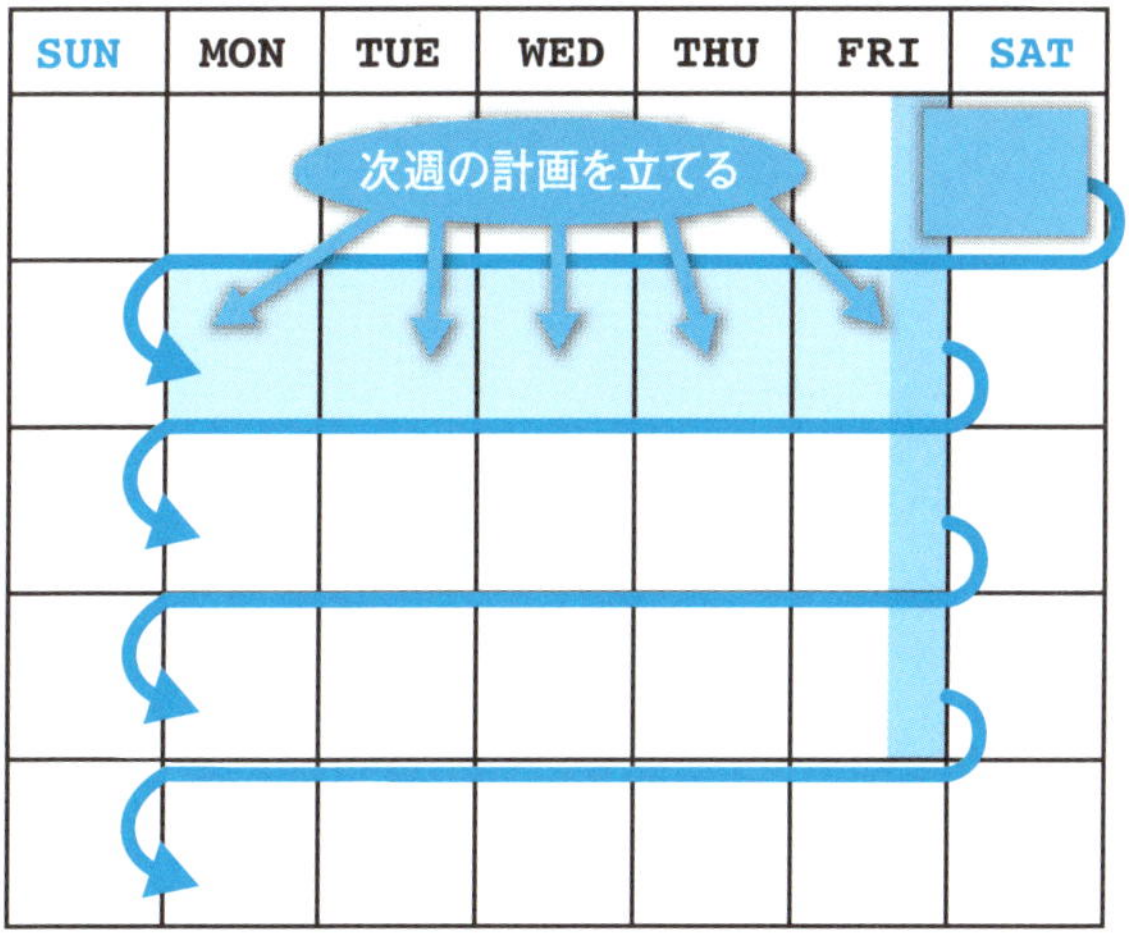

スケジュール管理の極意は「終わる時間」を決めること

スケジュール帳に予定を書くときは、たとえば「会議14時～」などと、たいていの人は始まる時間だけを書き込んでいる場合が多い。だが、こうした習慣はできれば改めたい。会議の予定は開始時間といっしょに**「終わる時間」まで書き込む**のだ。

たとえば、「営業会議　14時～16時30分」と終わりの時間まで書いてあれば、会議をその時間内で終わらせようと集中できるし、次の仕事にスムースに移ることもできる。仕事は〝終わり〟が見えたほうがやりやすいのだ。

予定は「終了時間」まで書く

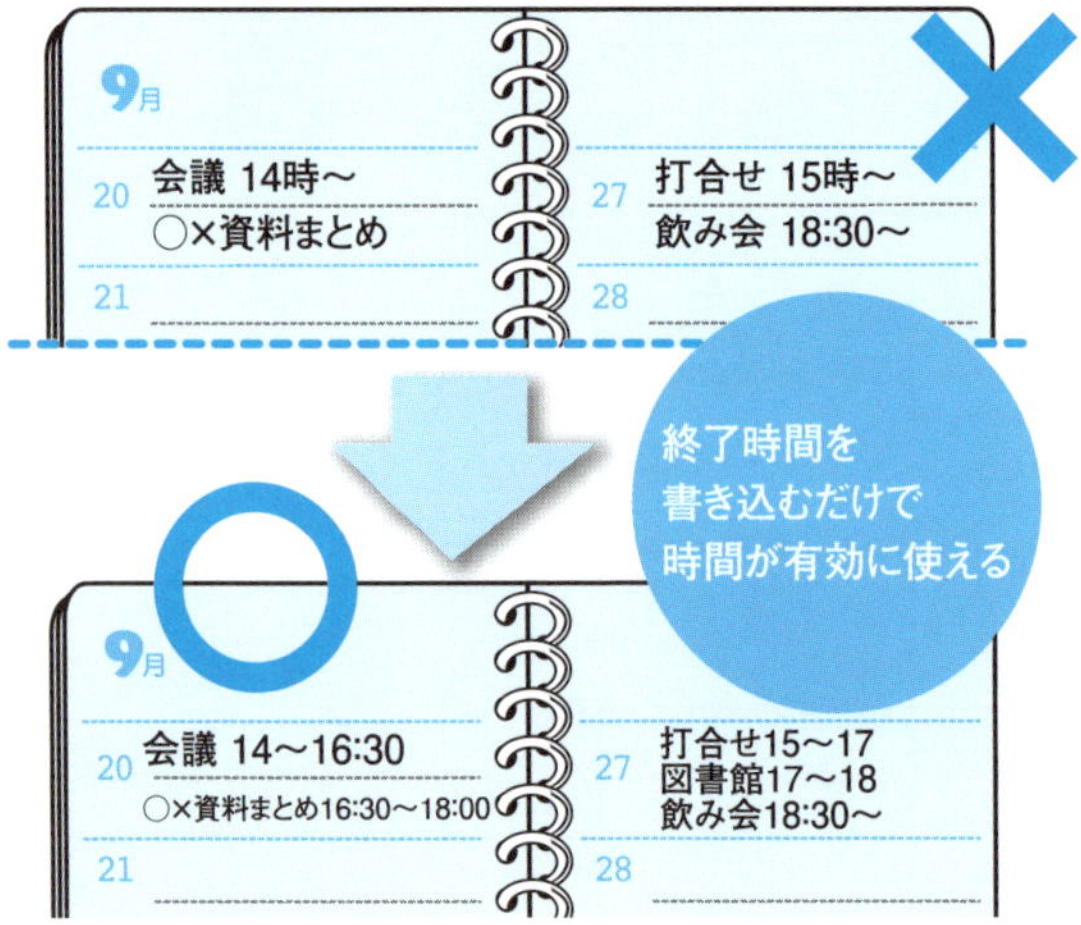

飲み会を断るには架空の用事を書いておく

いくら仕事の延長線上のこととはいえ、「今日は先輩や上司から飲み会の誘いがあっても何が何でも定時で上がる」という日には、**架空のスケジュールをあらかじめ手帳などに記入しておいて、もっともらしく断る**といい。

たとえば、「17：30　A社　立ち寄り」とか「18：15　書類、ピックアップ」などと、あたかも予定が入っているように〝演出〟する。もし、相手先に行かなかったことがバレたとしても「ドタキャンになった」と言い訳が立つはずだ。これなら、もし手帳を覗き込まれても問題はない。

その日に着ていく服は手帳の右側に

ただでさえ時間がない朝に、会社に着ていく服のことであれこれ迷った経験はないだろうか。

　ムダな時間をとられて遅刻をしないためには、**1週間分の服のコーディネイトリストを作っておく**といい。

　その日の予定に合わせて「火曜日　白のボタンダウンシャツ　ベージュのパンツ」などと、手帳の右側の空欄にメモをしておくのだ。

　こうしておくことで着替える前に手帳を見ながら当日の打ち合わせやアポイントメント、アフターファイブの予定などを再確認し、気持ちを仕事モードに切り換えることもできるのだ。

手帳にコーディネイトリストを作る

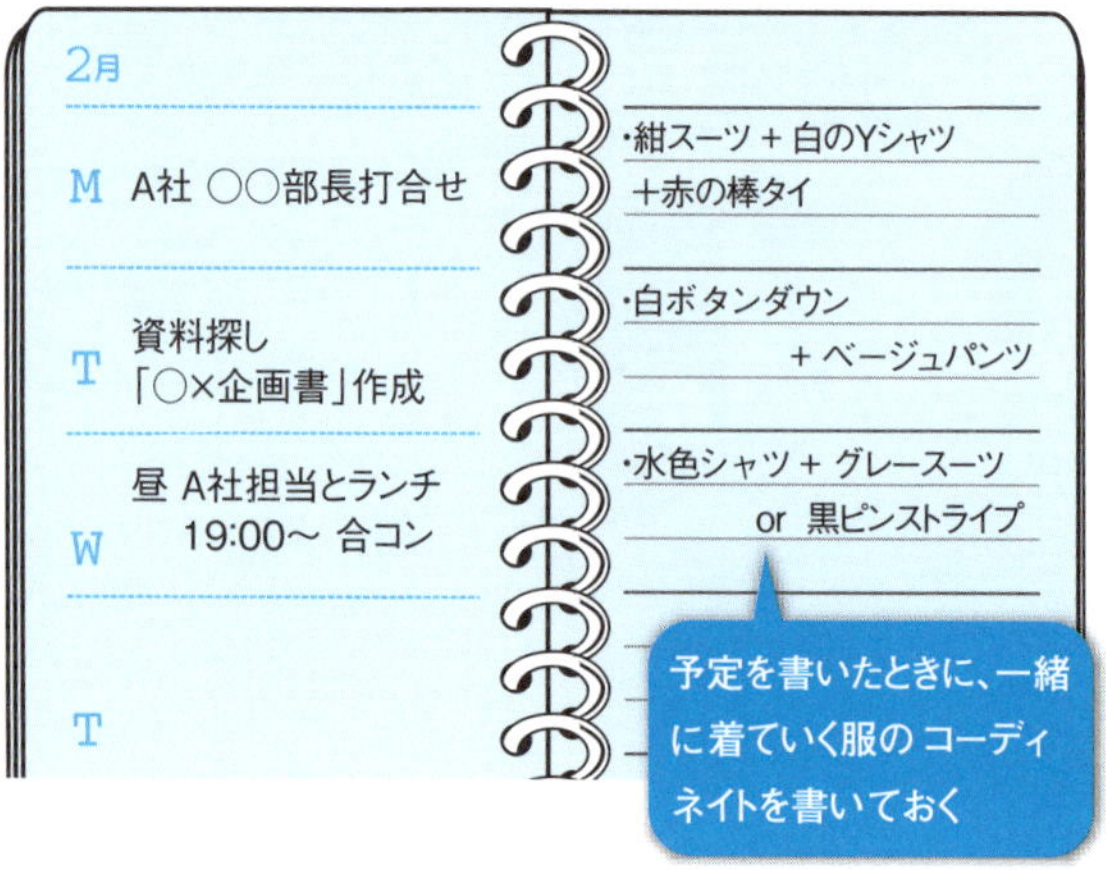

「自分へのアポ」を手帳に書き込む

忙しくてなかなか自分の時間が持てない人には、**事前に自分にアポイントメントを入れておく**ことをおすすめする。

たとえば「15日（金）18：00～20：00　スポーツジム」などと、前もって手帳に書き込んでおけば、それまでに仕事を終わらせようと集中して仕事もはかどるというもの。

大切なのは、自分に入れたアポは急なスケジュール変更や、その日のうちにどうしてもやらなければならない残業でもない限り、絶対にキャンセルしないことだ。これだけで１日の充実感も違ってくる。

忙しさ対策として自分にアポを入れる

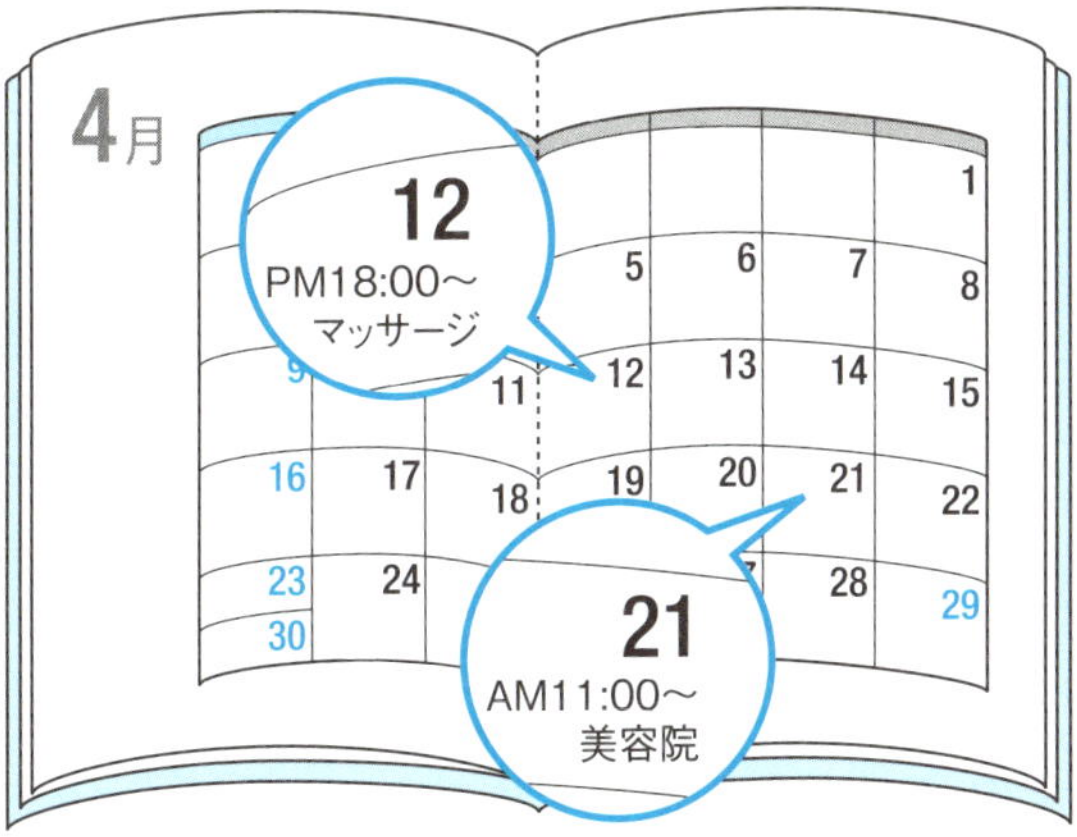

ファイルの中身がひと目でわかる〝本文はみだしテクニック〟

取引先に提出する企画書などの書類は内容重視なので、表紙はありきたりなものが多い。そのため、表紙はシンプルにわかりやすくなっているものが多い。

だからといって、マニュアルどおりの表紙ではインパクトに欠けることもある。そんなときは、**表紙を少し工夫することで相手の興味を引く**ことができる。

たとえば、本文で使っているサイズよりもワンサイズ小さい用紙を用意して、これを企画書の表紙として使うのだ。

こうしておけば、表紙より企画書のほうが大きいために表紙から一部がはみ出して見える。**表紙の向こうにチラリと見える内容を見てみたくなる**という具合いだ。

もしも、その書類を相手がチラリと見たら、それは興味があり、信頼を寄せているという証拠でもある。〝脈あり〟とみていいだろう。

内容をチラリと見せて“見てみたい心理”を刺激する

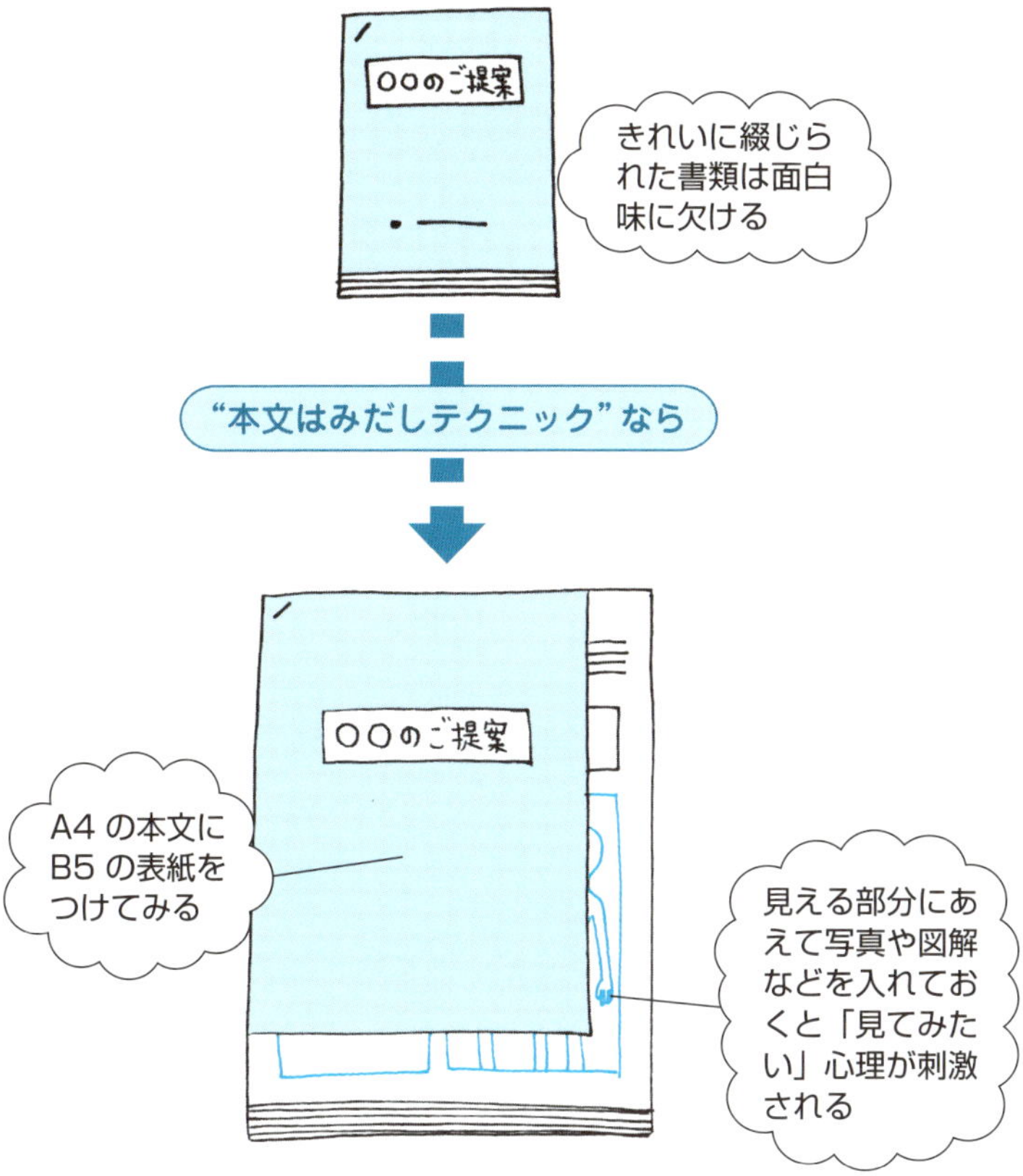

クリアファイルより大きな書類はどうすればいい？

クリアファイルといえば A4 サイズのものが一般的だが、たとえば、デザイン関連の仕事に携わっている人は B4 や A3 といった大きなサイズのものもよく使っている。折り曲げたくない証書やポスターを収めるときなどに使えるので、さまざまなサイズのクリアファイルをそろえておくといいだろう。

◆ふせんをはみ出させてインデックスがわりに使う

また、書類を管理する際にもこのテクニックは使える。小さなメモ用紙やふせん紙などに企画書や書類などの題名を簡潔に書いて、インデックスを作る要領でそれらを貼っておけばいいのだ。わざわざ表紙用の紙を1枚作る必要もなくなるだろう。

そうすれば**中身をわざわざ確認しなくても、はみ出している部分を見ただけでおおよその内容がわかるので便利**である。

毎回、決まり切って型どおりに仕事を進める必要はない。いつもの視点をほんの少しズラすだけで、見る人の興味を何倍も引き出すことができるのである。

ちなみに、企画書は「色」にも気を使いたい。たとえば、文字は黒色でまとめ、罫線で囲みたい内容や補足したい事柄などには青色を、強調したいポイントには赤色を使うといい。ただ、多色使いをしすぎると内容がぼやけてしまうので注意したいところだ。

また、これは企画書を作るうえでの〝基本のき〟なのだが、タイトルや本文などは意識的に大きくして、1ページ当たりの文字数を極力少なくするといい。パッと見て瞬時に内容を把握できるだけでなく、**文字が大きいほうが〝本文はみだしテクニック〟の効果はより大きくなる**からだ。

大きいサイズの書類をスッキリ収める「即席冊子」

ビジネスシーンに登場する書類の多くはA4サイズだ。そのため、クリアファイルなど書類を整理するためのツールのほとんどがA4サイズ対応となっている。

そんなときに、A3やB4サイズなどの大きい書類を複数枚まとめて渡されたりすると、どうやって保管したらいいものか悩んでしまうことがあるだろう。このような場合はどうすればきちんと整理できるだろうか。

こんな場合は発想を転換させて、「書類」ではなく「冊子」として管理する方法を考えてみよう。

たとえばA3サイズの場合、横長の書類を真ん中からすべて谷折りにする。そうしておいてから、裏の白紙の部分をテープのりでのりづけしたら、次の書類の裏の部分とを貼り付けるのだ。

こうしてすべての書類をくっつけてしまえば、ひとつにつながりA4サイズの冊子のよ

A3やB4サイズの書類を“冊子”にする方法

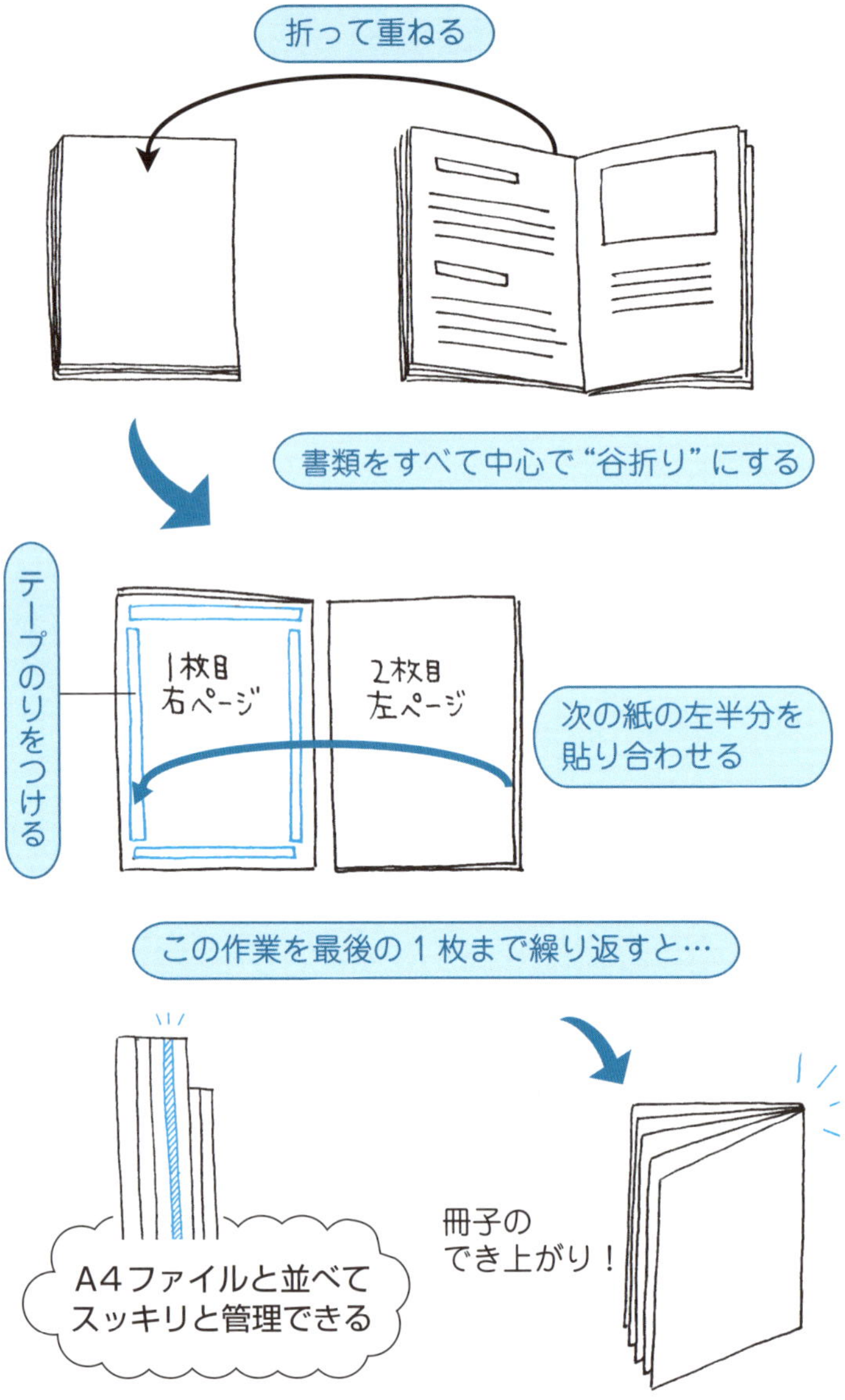

うにまとまるというわけだ。しかも、それらをほかの書類と一緒にすればスッキリ収まるのである。

あとから書類が増えてもそのつど貼りつけてページを増やしていけば1冊にまとめることができるし、ファイルなどと並べて立てかけておいてもきれいに整理できる。

ちなみに、ファイルを並べるときには**「ファイルは常に右詰めで立てていく」**というマイ・ルールを決めておくといい。

こうすれば、古くなったファイルを破棄したり、ほかの場所に移したいときには、右端のファイルから手をつければいいし、右側から時系列に並んでいれば必要な書類も取り出しやすくなるはずだ。

ところで、そうしてまとめた書類に直接メモができないときは、トレーシングペーパーが役立つ。透けているから下の資料を見ながらトレペに書き加えることができるし、修正前と修正後の違いもわかって一石二鳥だ。

こうしてたまった「即席ファイル」をどんどん継ぎ足していけば、いつの間にか立派な資料集になるはずである。ちょっと厚めのファイルだったら、背表紙にそのファイルの内容を書いておくと便利だ。

情報整理の速度が10倍アップする色付きルーズリーフ

リング式のファイルで管理ができて、簡単に順番を並べ替えたりできるルーズリーフの用紙には、シンプルな白だけではなくさまざまな色のバリエーションがある。

そこで、何色かのルーズリーフをそろえたら「ピンクは急いで処理する案件」とか、「緑は定例会議でのメモ」、あるいは「青はアイデアのラフスケッチ」などと色ごとに整理する内容を決めて使うようにしてみよう。

ちなみに、とくに注意しておきたい重要事項は、オレンジや黄色といった目立つ色に書くようにするとより目を引くことができる。

こうして色ごとのルールを決めておけば、パッと見てどのファイルにどんな種類の情報が書かれているのかひと目で把握できるし、内容ごとにページを並び変えて整理するのも短時間で済む。

じつに単純な方法ではあるが、忙しい毎日のなかで素早い状況判断をするためにはこの

ルーズリーフの色にルールを決めて情報を整理する

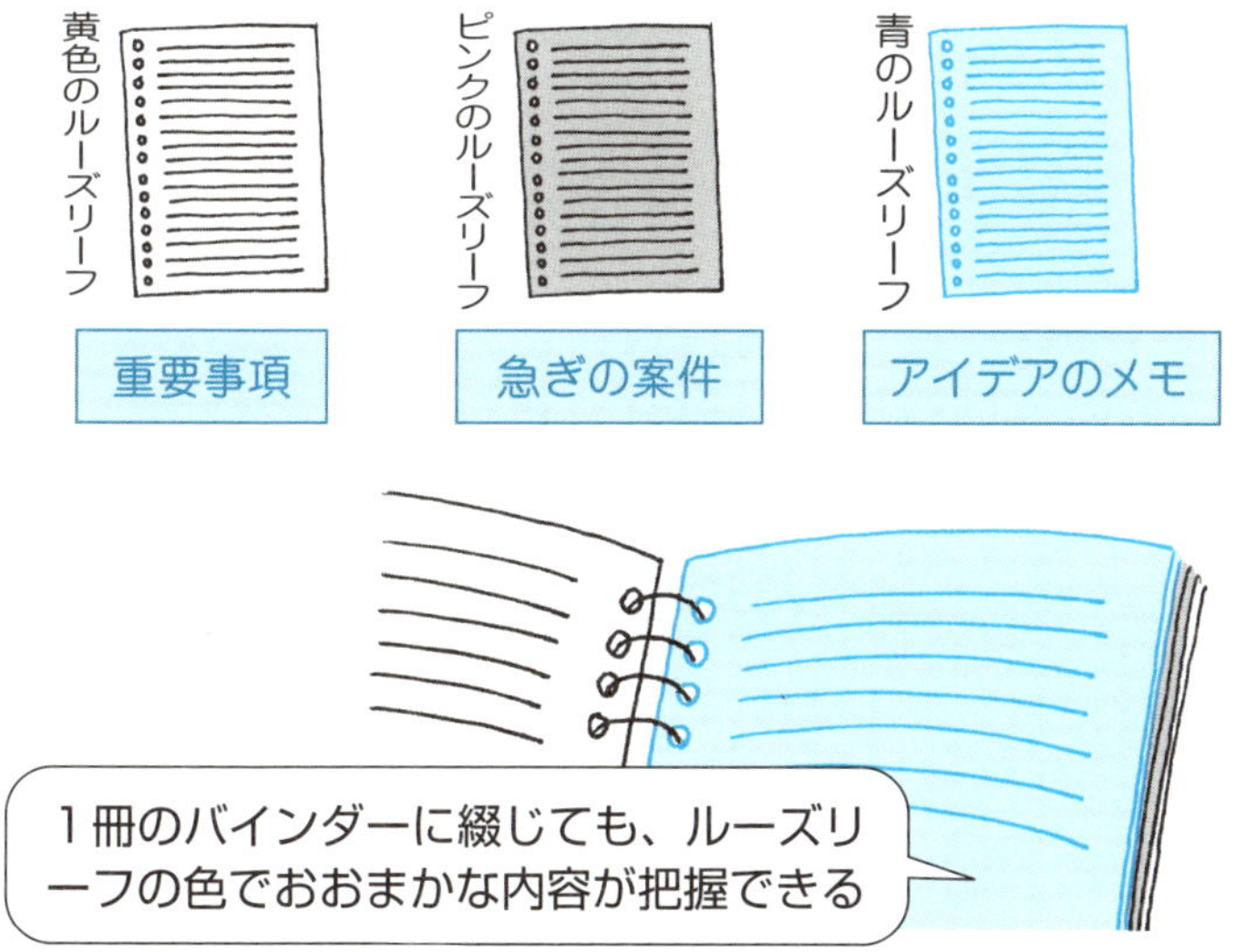

ようにひと目で情報が認識できる工夫が必要なのだ。

◆目的に合ったノートの選び方

文房具売り場にはじつにさまざまなノートが並んでいるが、なかでも〝東大式ノート〟とも呼ばれる「ドット入りノート」は大ヒットしたノートだ。

そもそもこのドット入りノートは、シンプルなノートを東大生がそれぞれひと工夫して使っていたものだ。

そう考えると、ノートや文房具は〝こう使うべきだ〟という型にとらわれずに、自分の使いやすいように自由にカスタマイズして使えばいいことになる。

情報を整理しやすい“個性的なノート”の使い方

東大式ノート

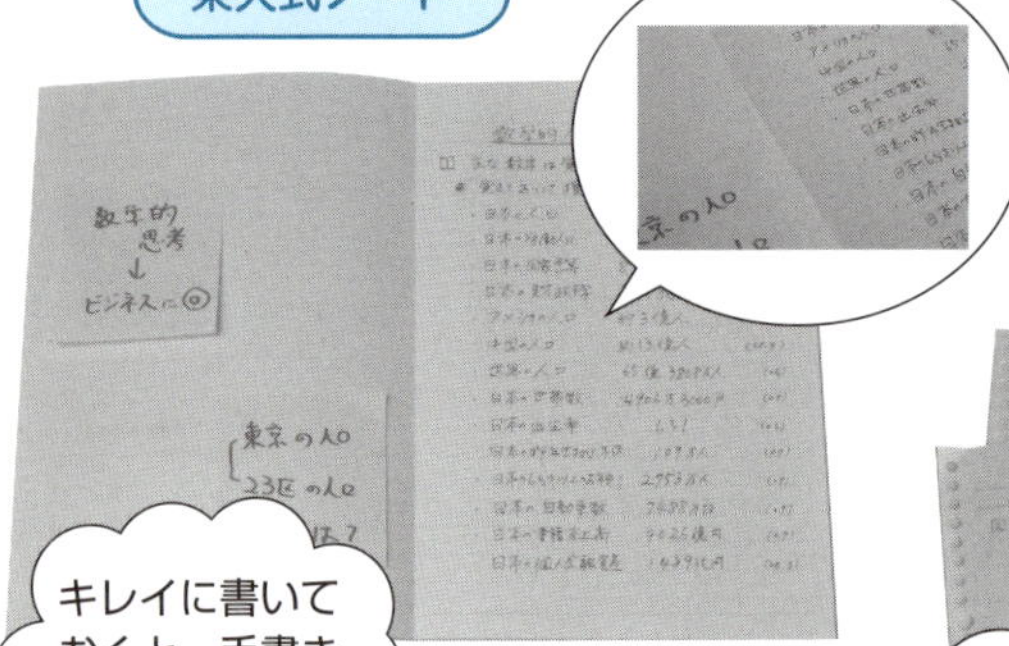

キレイに書いておくと、手書きでもコピーをとって人に渡せる

ルーズリーフワイド

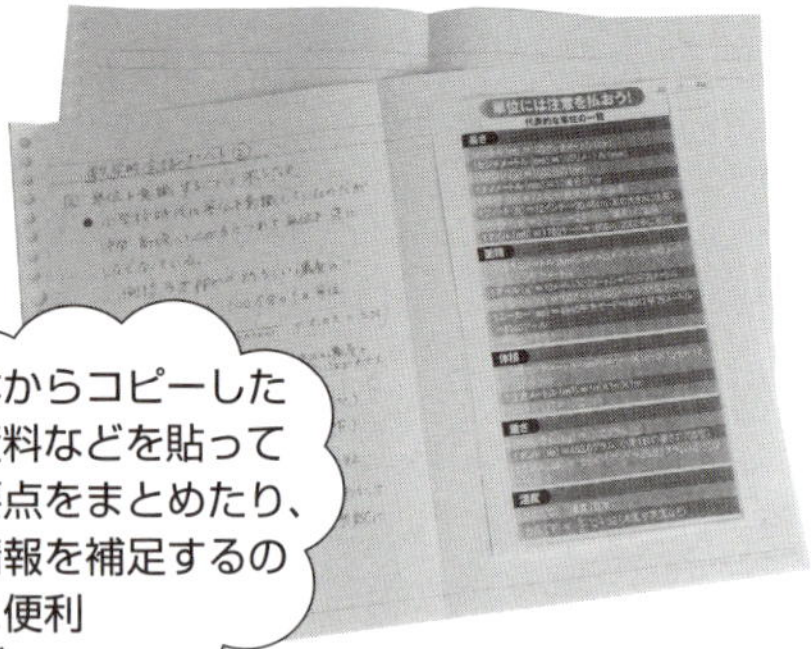

本からコピーした資料などを貼って要点をまとめたり、情報を補足するのに便利

たとえば、**2ツ折りになっているA4版のルーズリーフ**も人気だが、その使い方は千差万別だ。

このルーズリーフを開くと、2倍の大きさであるA3版のサイズになるので、資料を貼り付けたりデザイン画を書いたりとワイドに活用できるところが一番のポイントだ。A4ノートでは2〜3ページにわたってしまう内容も1ページにまとめられるのである。

持ち運びのときには2つ折り（A4）にすればいいので、かさばらない。自分の目的や用途に合った文具を選び、さらにその使い方にひと工夫できれば仕事の効率は格段にアップするのだ。

なつかしい"砂消し"も健在!!
MULTI
油性ボールペンも消せる超ハードタイプ

使いやすい角のある消しゴム

消しゴムはその原料によって分けられている。現在もっとも一般的なものはプラスチックから作った消しゴムだ。これに対して、昔から使われているのが、ゴム製の消しゴムである。ゴム製の中には、砂をまぶして、インクのしみ込んだ部分を紙ごと削り取る「砂消しゴム」、パステルや木炭デッサンなどを消す際に紙面を傷めないように柔らかく作られた「練り消しゴム」がある。また、消しゴムで文字を消す場合は「角」の部分が使いやすいが、角は使うにつれて減る。そこで、いくつもの角のある消しゴムも発売されている。

消したい文字だけ消せる「字消し板」

たとえばノート一面にエンピツで文字を書き込み、読み返したときに誤字を発見したとする。1文字だけを消しゴムで消したいが、そのまわりの文字もいっしょに消えてしまいそうなときに便利なのが「字消し板」である。さまざまな大きさの円や楕円などの穴の空いた、手の平に乗るほどの大きさの金属板だが、自分が消したい範囲の大きさに合うサイズの穴に合わせて字消し板を置き、その穴の中だけを消しゴムでこすると、まわりの文字をいっしょに消すことなく、必要な箇所だけ消すことができるのだ。

6章

人生を変える、
たった1ページのノート術

幸せの〝明細〟を1ページに書いてみる

もし目の前に魔法使いが現われて、「願い事をひとつだけ叶えましょう」と言われたらあなたなら何と答えるだろうか。

多くの人は「宝クジを当てて億万長者になりたい」とか「全知全能を手に入れたい」、「火星旅行に行ってみたい」というようなあまり現実的ではない夢を口にするのではないだろうか。

では、「明日、なんでもやっていいと言われたら何をしたいですか?」と質問されたらどうだろう。

ビジネスパーソンなら「仕事を休みたいけれど取引先との打ち合わせがある」、子供を持つ母親なら「ショッピングに行きたいけどＰＴＡの用事がある」などと、現実的な事情にとらわれてしまい、結局「急に明日なんて無理…」とトーンダウンしてしまうかもしれない。

「ムリだ…」とか
「今さら…」という
思いを捨てるのが
コツ

だが、ここではそうした障害や先入観はすべていったん横に置き、**自分のやりたいことを思いつくままにリストアップしてみる**ことをオススメする。

コツは「幸せになりたい」といった曖昧な表現ではなく、「年収を3倍にしたい」とか「1年以内に結婚したい」というように、その**幸せの〝明細〟をできるだけ具体的に1ページのノートに書く**ことだ。

最初は書き方など気にせず、願い事を思いつくままに羅列するだけでいい。

まずは、今の自分が何を欲しているのか、その実現のためにはまず何が必要かを洗い出してみよう。

〈「やりたいこと」リスト〉

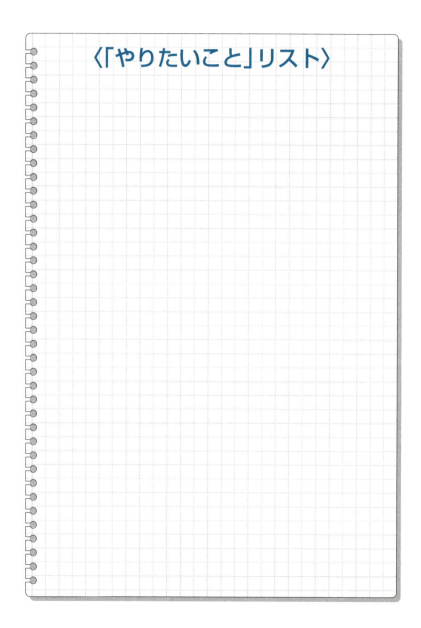

夢や目標を ランダムに 1枚のノートに書き込む

ところで、いざ自分の人生の目標を書き出して「さあ、やるぞ」と意気込んだまではいいが、そこから先の行動に継続性を持たせるのはけっこう難しい。

そこで、誰でもやっているようなごく簡単な作業でみるみるやる気が出てくる方法がある。その作業とは、前述したが**終わった（達成した）項目を塗りつぶしていく**というものである。

ビジネスでは、「やるべきこと」をメモ書きするTO DOリストを使っている人も多いが、このリストでもっとも大事なポイントは、クリアした項目を二重線やマーカーなどで消していくことだ。

そのメリットは、**視覚的にも達成感を得られる**ことにある。たとえば目標が10個あったら、あといくつでゴールに辿り着けるのかがひと目でわかる。したがって、モチベーションも保ちやすくなるのだ。

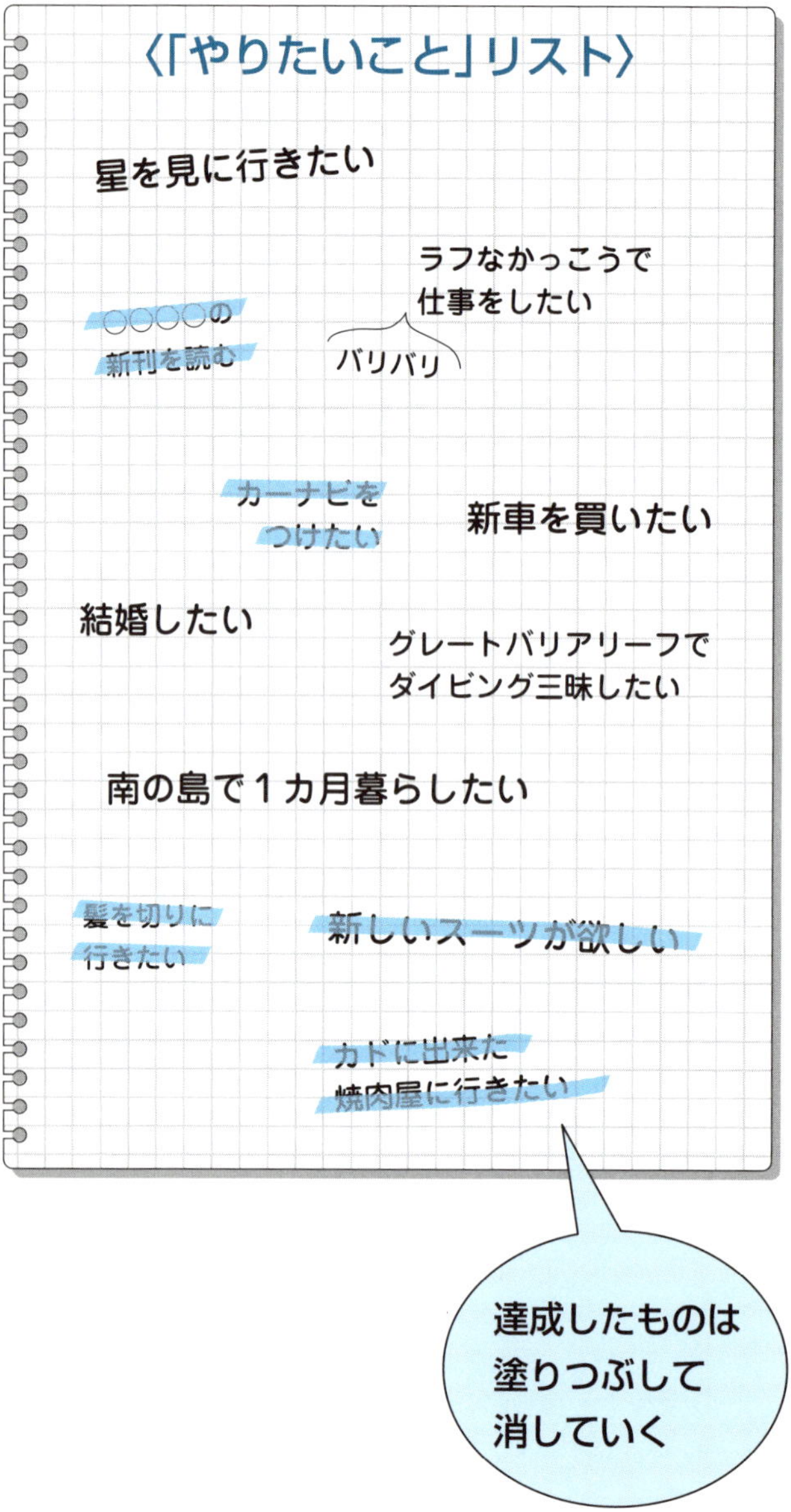
〈「やりたいこと」リスト〉
星を見に行きたい
ラフなかっこうで
仕事をしたい
○○○○の
新刊を読む
バリバリ
カーナビを
つけたい
新車を買いたい
結婚したい
グレートバリアリーフで
ダイビング三昧したい
南の島で１カ月暮らしたい
髪を切りに
行きたい
新しいスーツが欲しい
カドに出来た
焼肉屋に行きたい
達成したものは
塗りつぶして
消していく

やり遂げていないものを書き出す

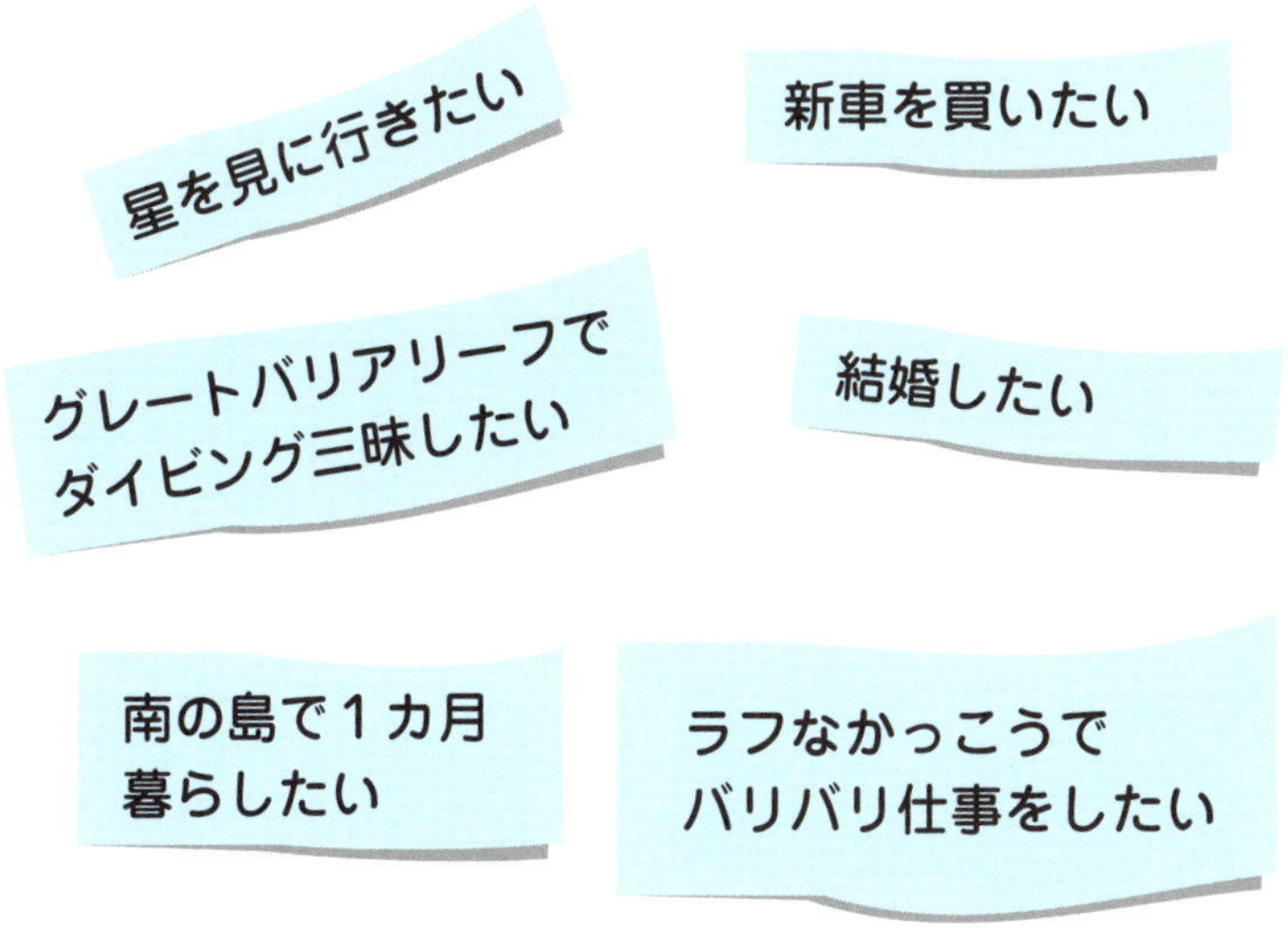
星を見に行きたい
新車を買いたい
グレートバリアリーフで
ダイビング三昧したい
結婚したい
南の島で1カ月
暮らしたい
ラフなかっこうで
バリバリ仕事をしたい

ここで提唱している「やりたいことリスト」もこれと同様なのである。

リストアップした項目を「実行できたもの」と「まだ実行できていないもの」の2つで視覚的にとらえることが、その先の行動のヒントにもつながるというわけだ。

また、「やりたいけど今すぐには難しいもの」は時期を見て改めて計画を練り直し、それから目標に向かってリスタートすればいい。

大切なのは、**夢や目標をランダムに1ページのノートに自由に書き込んでいく**ことだ。そうすれば、自分の人生の目標をひと目で俯瞰できるのである。

1年先まで「具体性」と「締め切り」をノートにつける

手帳を見るとその人の人となりがわかるというが、一般に「手帳術」は整理整頓の能力と無関係ではない。

といっても字のうまい下手や几帳面さなどではなく、なすべきことをいかに整理し、それをわかりやすくプランニングできるかどうか、という点においてである。

とはいえ、「やりたいけどすぐには難しい」というような不確定要素が多いものを具体的にスケジュールに落とし込んでいくのは簡単ではない。そこで、手帳にある**年間カレンダー**を上手に利用したい（160～161ページ参照）。

年間カレンダーは1年を全体的に俯瞰できるので、計画的なスケジュールを立てやすく、予定が入っているとそれを実行するために段取りをつけようという意識が働くからだ。

だが、1日も早く達成したいからといって、1週間単位のような短いスパンで予定を書き込んでいくのはじつはあまり効率的ではない。実行できないことが増えるだけで、結局、

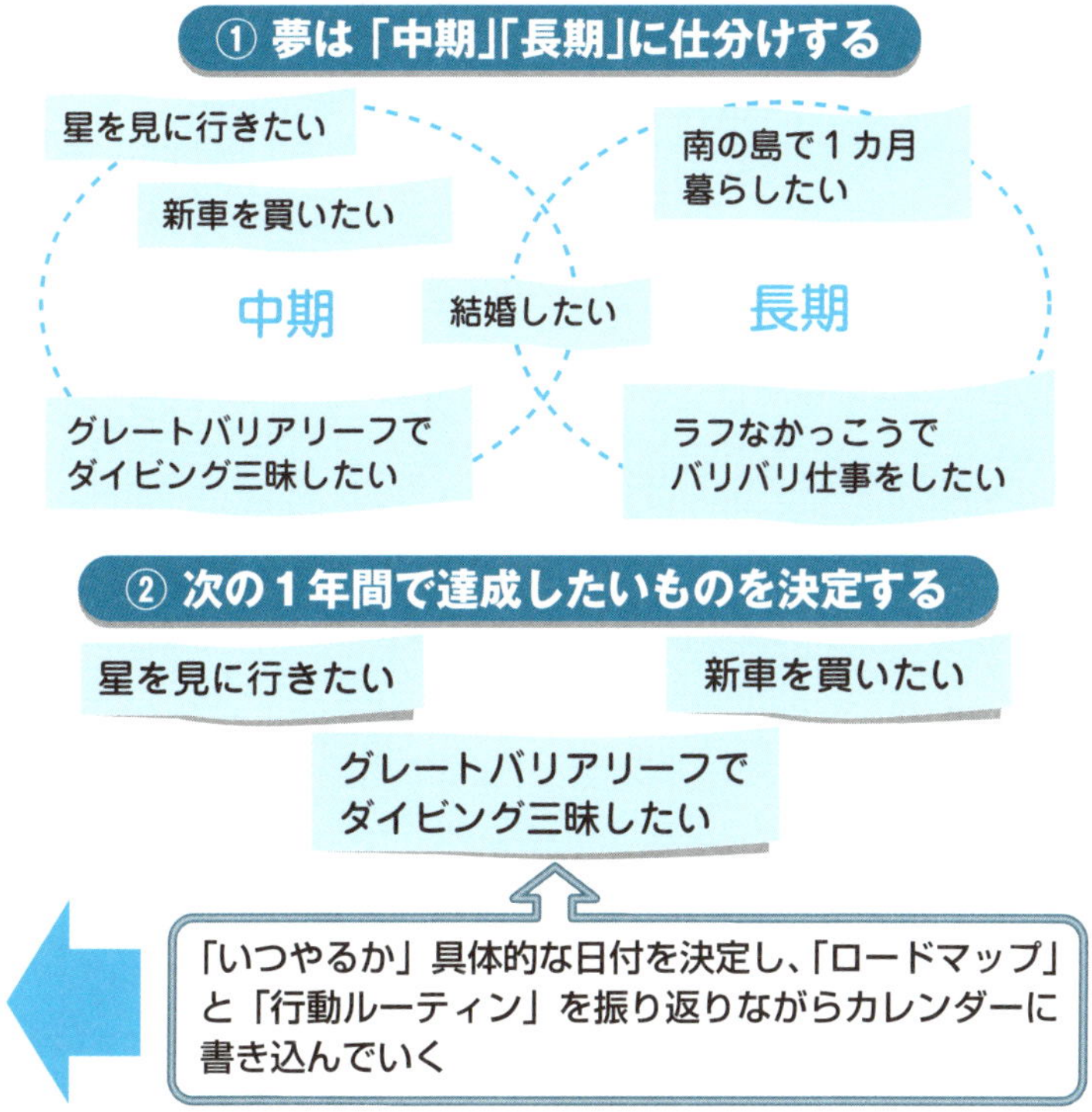
① 夢は「中期」「長期」に仕分けする
星を見に行きたい
新車を買いたい
中期
結婚したい
南の島で1カ月
暮らしたい
長期
グレートバリアリーフで
ダイビング三昧したい
ラフなかっこうで
バリバリ仕事をしたい
② 次の1年間で達成したいものを決定する
星を見に行きたい
新車を買いたい
グレートバリアリーフで
ダイビング三昧したい
「いつやるか」具体的な日付を決定し、「ロードマップ」
と「行動ルーティン」を振り返りながらカレンダーに
書き込んでいく

来週そしてまた来週へと先送りされてしまうのがオチだ。

1週間という時間はあまりにも短すぎる。最短でも1か月、場合によっては3か月、1年といった**長い目で予定を書き込んでしまう**のだ。そうすることで長期的なビジョンが具体的に見えてくるはずである。

どんなに素晴らしいプランも絵に描いたモチではどうしようもない。**自分の行動に「具体性」と「締め切り」を設け、これを実行する**だけであなたの人生は少しずつ、たしかに変わっていくのである。

#〈2017〉

5月

Sun	Mon	Tue	Wed	Thu	Fri	Sat
	1	2	3	4	5	6
7	8	9	10	11	12	13
14	15	16	17	18	19	20
21	22	23	24	25	26	27
28	29	30	31			

4月

Sun	Mon	Tue	Wed	Thu	Fri	Sat
						1
2	3	4	5	6	7	8
9	10	11	12	13	14	15
16	17	18	19	20	21	22
23	24	25	26	27	28	29
30						

7月

Sun	Mon	Tue	Wed	Thu	Fri	Sat
						1
2	3	4	5	6	7	8
9	10	11	12	13	14	15
16	17	18	19	20	21	22
23	24	25	26	27	28	29
30	31					

6月

Sun	Mon	Tue	Wed	Thu	Fri	Sat
				1	2	3
4	5	6	7	8	9	10
11	12	13	14	15	16	17
18	19	20	21	22	23	24
25	26	27	28	29	30	

9月

Sun	Mon	Tue	Wed	Thu	Fri	Sat
					1	2
3	4	5	6	7	8	9
10	11	12	13	14	15	16
17	18	19	20	21	22	23
24	25	26	27	28	29	30

8月

Sun	Mon	Tue	Wed	Thu	Fri	Sat
		1	2	3	4	5
6	7	8	9	10	11	12
13	14	15	16	17	18	19
20	21	22	23	24	25	26
27	28	29	30	31		

11月

Sun	Mon	Tue	Wed	Thu	Fri	Sat
			1	2	3	4
5	6	7	8	9	10	11
12	13	14	15	16	17	18
19	20	21	22	23	24	25
26	27	28	29	30		

10月

Sun	Mon	Tue	Wed	Thu	Fri	Sat
1	2	3	4	5	6	7
8	9	10	11	12	13	14
15	16	17	18	19	20	21
22	23	24	25	26	27	28
29	30	31				

〈2018〉

1月

Sun	Mon	Tue	Wed	Thu	Fri	Sat
	1	2	3	4	5	6
7	8	9	10	11	12	13
14	15	16	17	18	19	20
21	22	23	24	25	26	27
28	29	30	31			

12月

Sun	Mon	Tue	Wed	Thu	Fri	Sat
					1	2
3	4	5	6	7	8	9
10	11	12	13	14	15	16
17	18	19	20	21	22	23
24	25	26	27	28	29	30
31						

3月

Sun	Mon	Tue	Wed	Thu	Fri	Sat
				1	2	3
4	5	6	7	8	9	10
11	12	13	14	15	16	17
18	19	20	21	22	23	24
25	26	27	28	29	30	31

2月

Sun	Mon	Tue	Wed	Thu	Fri	Sat
				1	2	3
4	5	6	7	8	9	10
11	12	13	14	15	16	17
18	19	20	21	22	23	24
25	26	27	28			

計画を細かくノートに書いて毎日チェックする

やりたいことのリストアップとスケジューリングができたら、さっそくカレンダーをノートに貼って、さらに**実践的なノートづくりに取りかかりたい**。やりたいことを実現するための段取りと計画を書き込んでいくのだ。

そして、やりたいこととそれを実行する期日を決めたら、それに向かって必要な準備に着手するのである。

たとえば、新車を買うなら今乗っている車の査定額を調べたり、旅行に行くなら毎月どれだけ積み立てればいいのかなど、プランを実行するための行動を開始するのだ。

しつこいようだが、それらの行動もきちんとノートに書き込んでいき、達成したものから順に塗りつぶしていくのである。

こうして**計画したことは何でもできるだけ細かくノートに書き、終わったそばから消していく**ことを繰り返せば、いつしか目標を達成することが習慣化していくのだ。

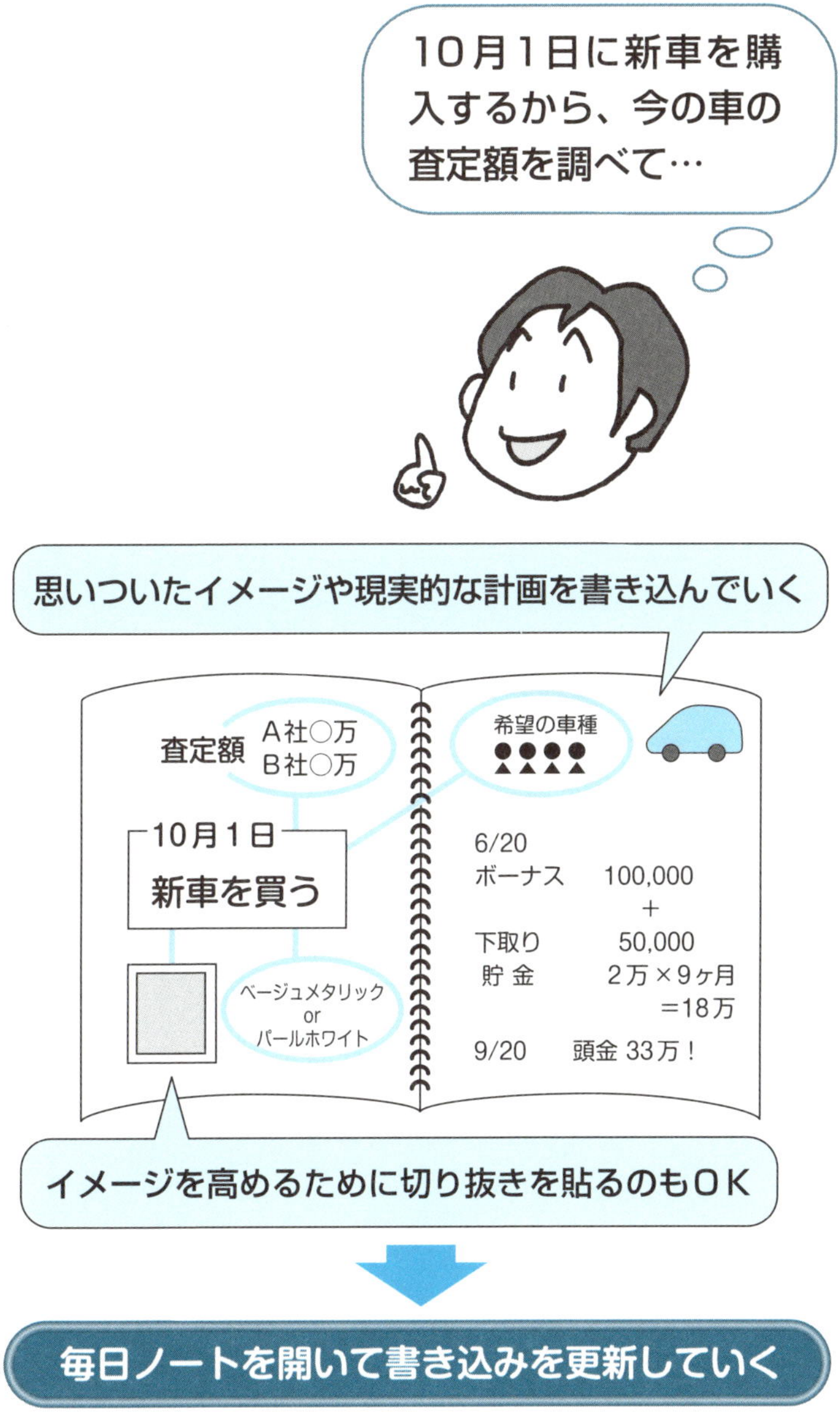
10月1日に新車を購入するから、今の車の査定額を調べて…
思いついたイメージや現実的な計画を書き込んでいく
査定額
A社○万
B社○万
希望の車種
●●●●
10月1日
新車を買う
ベージュメタリック
or
パールホワイト
6/20
ボーナス　100,000
＋
下取り　50,000
貯 金　2万×9ヶ月
＝18万
9/20　頭金 33万！
イメージを高めるために切り抜きを貼るのもOK
毎日ノートを開いて書き込みを更新していく

● 達成したものは塗りつぶしていく

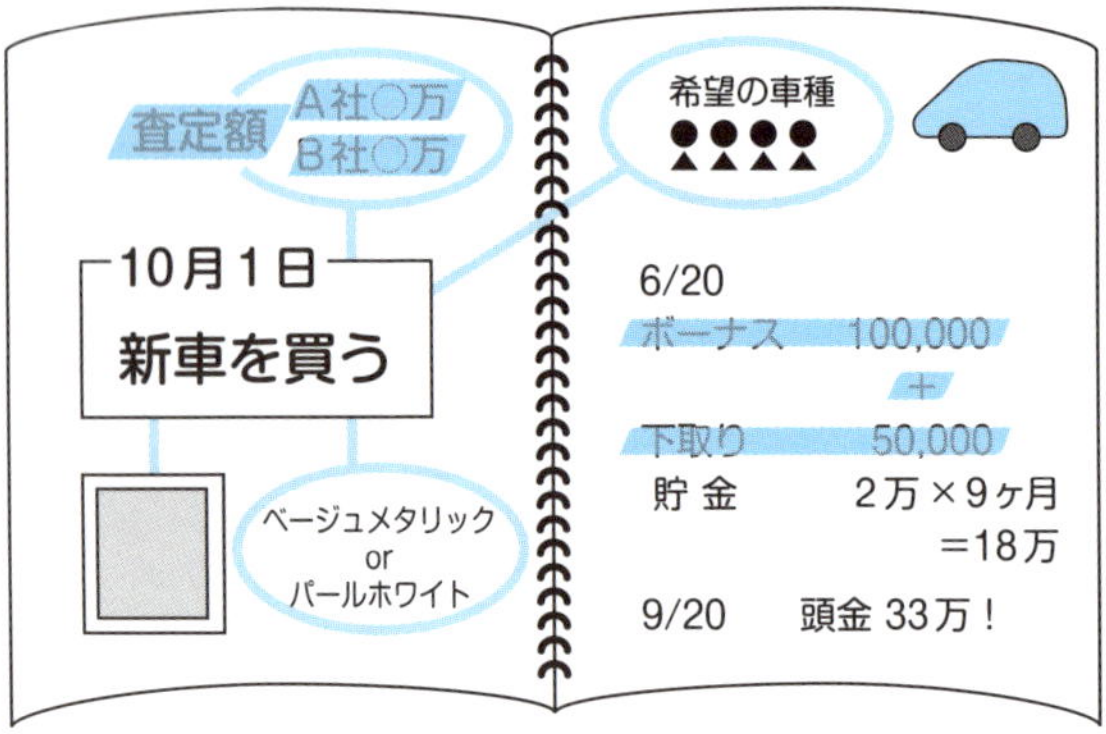

すべてを塗りつぶしたら目標達成！

● 新しく発生した夢は新しいページに書いてノートの角を折っておく

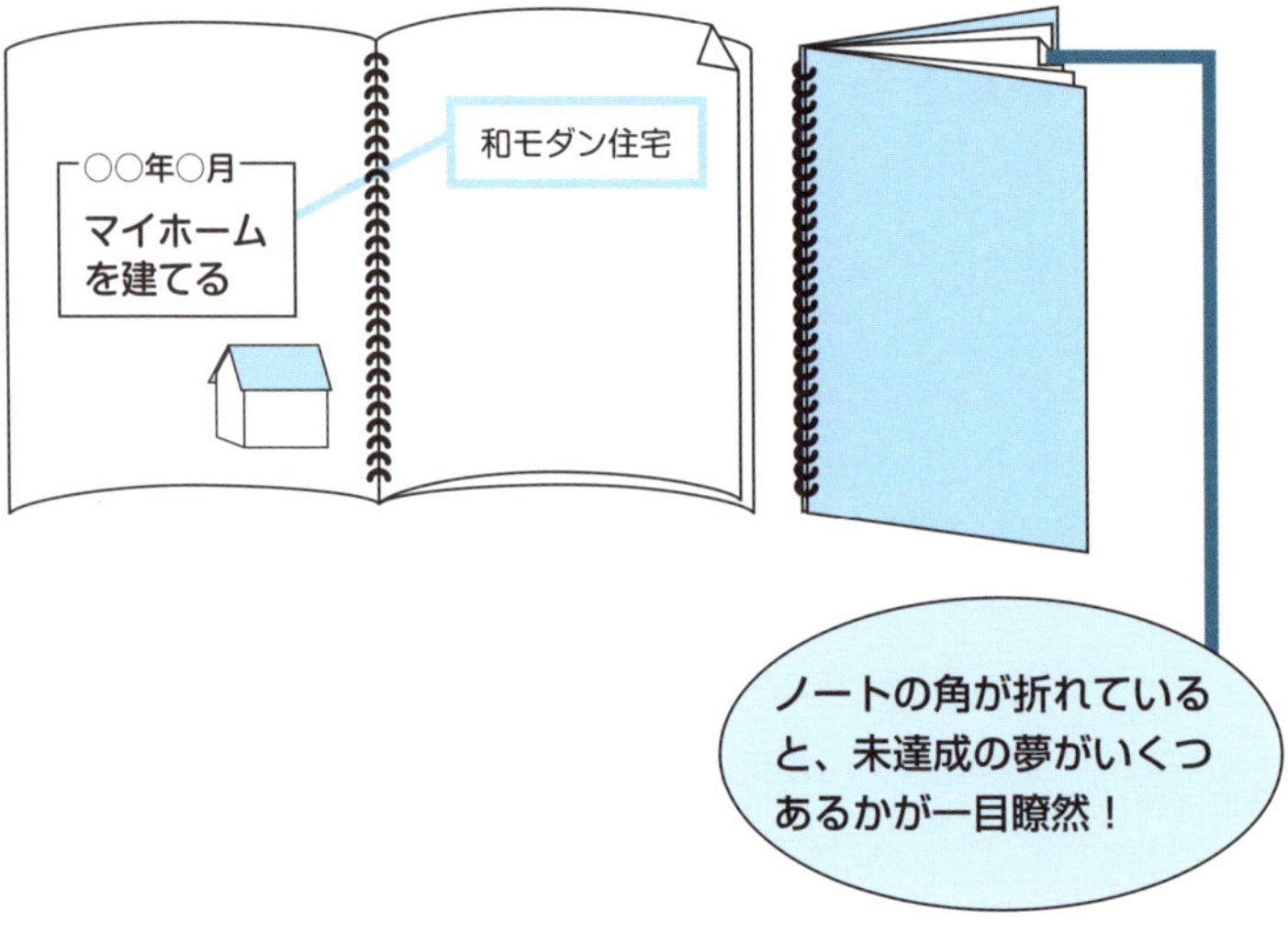

将来の自分像を1年単位で書いてみる

ある新聞社がモニター会員に行ったアンケートによれば、回答者の約半数が人生の「リセットボタンを押したい」と思っているという結果が出た。

人間誰しも「あのときにやり直しておけば…」と、心のどこかで考えていたりするものだが、もちろん過去はもう変えられない。しかし、未来なら変えられる。そんなこともあって巷では近年、**自分の未来を見据えた年表をつくる**ことが注目されている。

たとえば現在40歳の人なら、これまでの40年の歩みを思い返して書くことで、自分の軌跡をたどれるというわけだ。

もちろん、過去を振り返って気づくことは多々あるだろうが、しかし、それよりも大事なのはこれからの自分をイメージすることではないだろうか。

1年後に自分がどうなっているか、どうなっていたいかを考えることは進路の再確認にもなるのだ。

未来を見据えた“自分年表”をつくる

たとえば…

2017	30歳	書籍のリサーチ	スペイン語（リーディング）
2018	31歳	↓	〃　（リスニング）
2019	32歳	↓	スペイン語会話習得
2020	33歳	↓	中国語（リーディング・リスニング）
2021	34歳	↓	中国語会話習得
2022	35歳		オフィス開設　フランス語勉強
2023	36歳		フランス語会話習得
2024	37歳	出版契約を結ぶ	
2025	38歳	翻訳作業期間	
2026	39歳	第１作目　日本発売！	

海外のおもしろい作品を見つけて、10年後に翻訳本を出版する！

〝自分年表〟を１ページにまとめ、いつでも何度でも見られるようにしておく

●将来の自分像を書いてみよう

年	年齢	
2017		
2018		
2019		
2020		
2021		
2022		
2023		
2024		
2025		
2026		

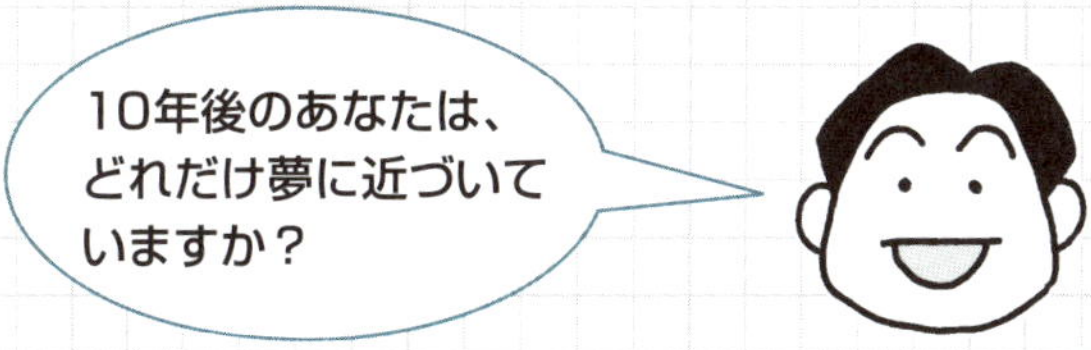
10年後のあなたは、どれだけ夢に近づいていますか？

必要なモノ、カネをノートに書き出す

料理の好きな人ならおわかりだと思うが、カレーライスを作ろうと思ったときにいきなりカレー粉の袋を開ける人はまずいない。

料理はセンスもさることながら、それ以上に**段取りが重要**である。

レシピのない料理ならばなおさらで、他のレシピを参考にしたり、自分の知識を総動員して、材料、調味料、道具は何が必要なのかを考えるものだ。

途中で材料が足りなかったりすれば、当然、効率や勝手が悪くなり、見た目や味もいまひとつになる。

人生もそれと同じで、今まで夢を描いていても達成できなかったという人はいきなり〝レシピのない料理〟をつくっていたのではないだろうか。

もしかすると、それを完成させるための資格や語学といった〝材料〟が足りなかったことも考えられる。

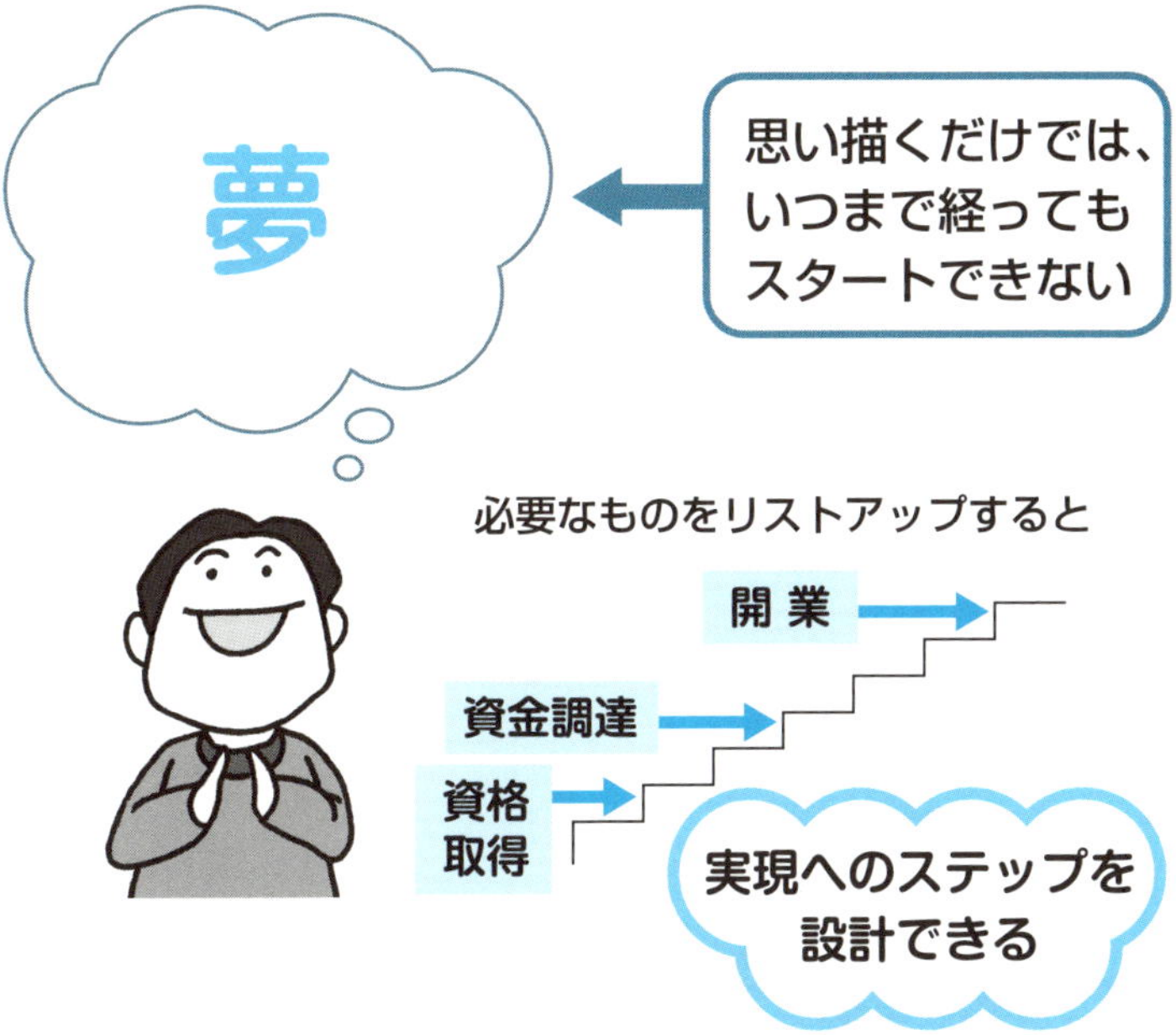

それらを一つひとつ叶えていく途中で、「しまった、やっぱりあれが必要だった！」と気づいても、一からやり直す時間的な猶予は年々確実に失われていく。だからこそ、大人になればなるほど10代、20代とは違う慎重さが求められるのだ。

必要なものをきちんと準備することができれば、あとは安心して第一歩を踏み出せるはずだ。

必要なものから必要な資格、時間、さらには資金調達のことなどをノートにそれぞれ書き出していくことで、夢の実現へのステップが見えてくるのである。

必要なもの

必要な経験、資格など

必要な資金

その他、必要なこと

※書き込んだらこのページを切り取って、ノートに貼っておきましょう。

新しいノートに真の「10年計画」を書き出す

目標や夢に向かって踏み出すために今、何が必要かを洗い出したら、それを手にするための実行プランをノートにどんどん書き込んでいこう。

たとえば年に2回海外に行くと決めたら、出発日はもちろんのこと、現地のどこへ行って何をするかまでを具体的に決めてスケジュールを立てておくのだ。

こうして**1年のはじめに自分のスケジュールに〝予約〟**を入れておけば、あとはそれを実現させるために行動をするだけだ。新たに夢の実現に必要なものが見つかったら、そのときどきでどんどん追加していこう。

◆ノートにさらに大きな夢の「10年計画」を書き入れる

今すぐには叶えられない、より大きな夢や目標を達成しようと思ったら、長期的なプランを立てなくてはならない。そこで大切なのは、自分が今どのステップまできたのかを常

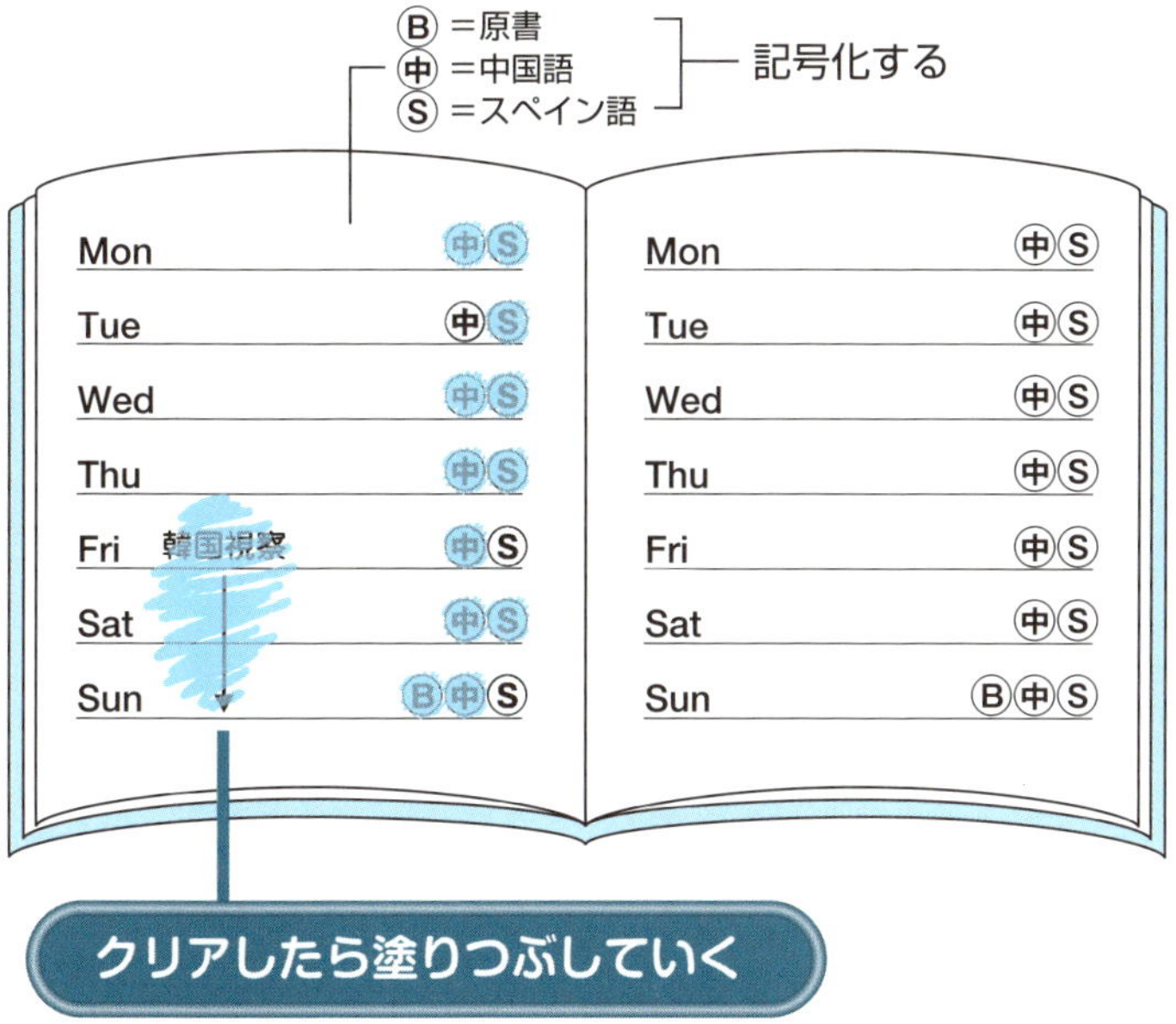

に俯瞰して把握しておくことだ。

そのために、ノートには**「10年計画」**を書き出して、いつでも自分の目で確認できるようにしておきたい。

「10年計画」はその名のとおり、10年後の自分がどのステップにあるかを書き記したものだ。これは毎年、**新しいノートを用意するたびに内容を整理しながら書き写す**ようにする。

達成できなかったことは先送りしてもいいし、どうみても無理がある場合はあきらめる勇気も必要だ。こうしていけば、今後やるべきこともはっきりと見えてくるのである。

● スケジュール帳のフリーページに夢の「10年計画」を書き入れる

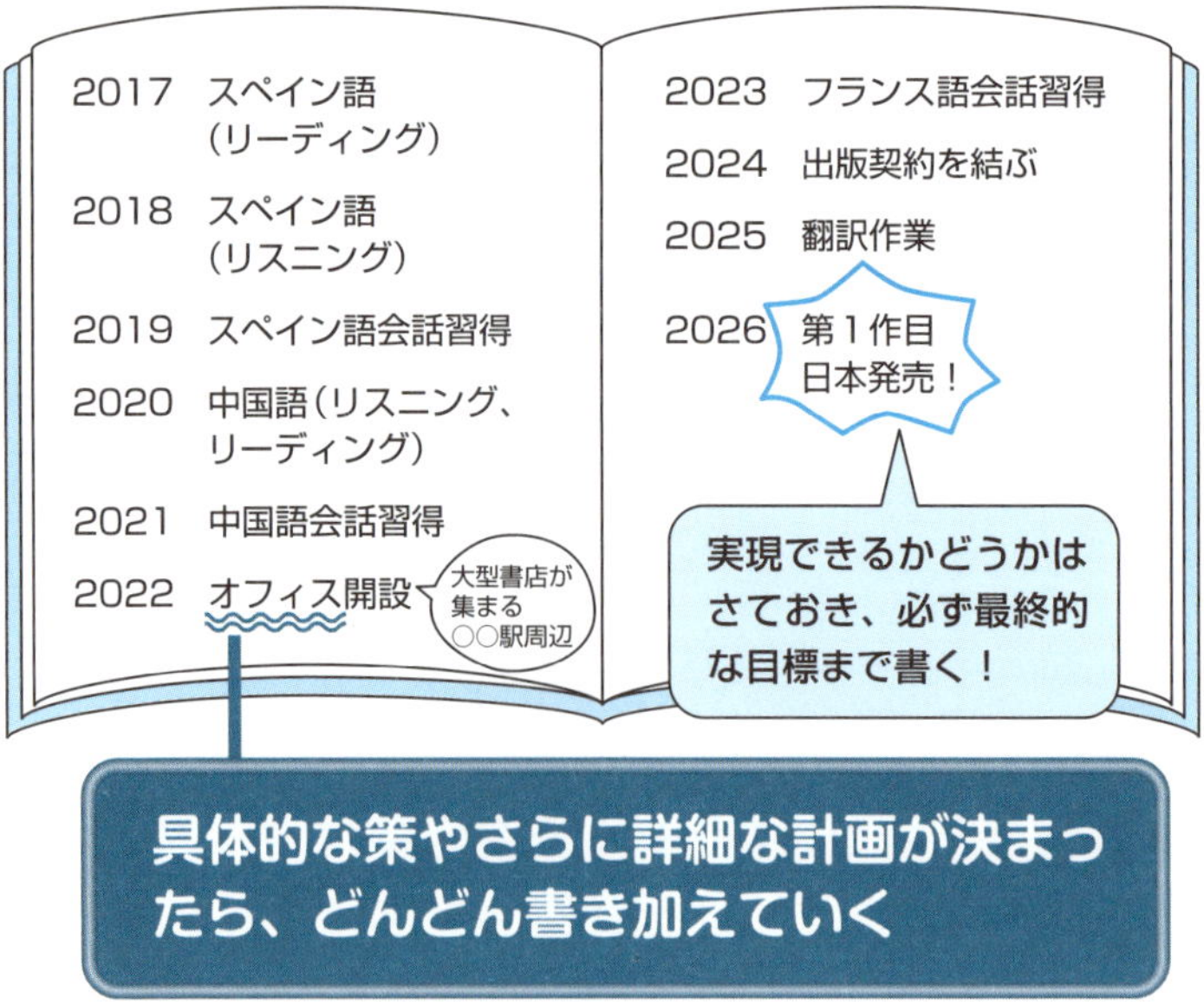

2017　スペイン語（リーディング）
2018　スペイン語（リスニング）
2019　スペイン語会話習得
2020　中国語（リスニング、リーディング）
2021　中国語会話習得
2022　オフィス開設
大型書店が集まる○○駅周辺
2023　フランス語会話習得
2024　出版契約を結ぶ
2025　翻訳作業
2026　第１作目日本発売！
実現できるかどうかはさておき、必ず最終的な目標まで書く！
具体的な策やさらに詳細な計画が決まったら、どんどん書き加えていく

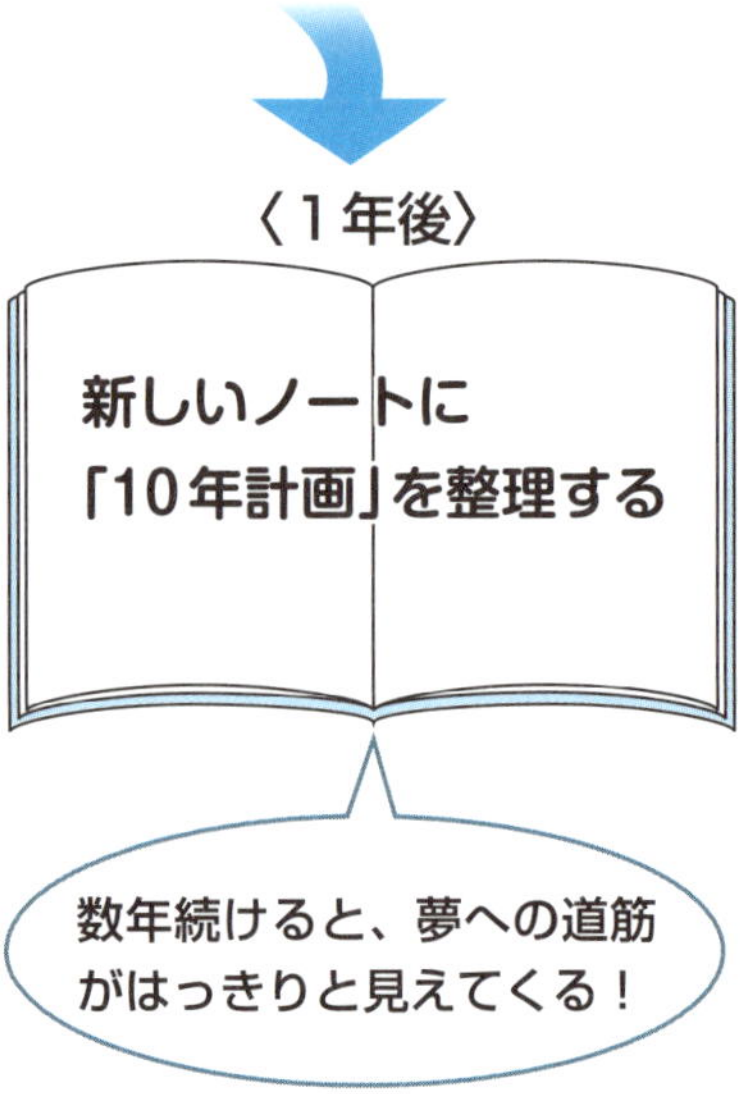

〈１年後〉
新しいノートに「10年計画」を整理する
数年続けると、夢への道筋がはっきりと見えてくる！

理想と現実の自分を1ページに書き込む

理想と現実のギャップを埋めるには、口にするだけでなく書くことが大切だ。

仕事、結婚、日々の暮らし…と、私たちは常に「理想」と「現実」のギャップのはざ間でもがいているものだが、何より苦しいのは自分自身のパーソナリティにギャップを感じてしまうことではないだろうか。

ここでは、そのギャップを埋める方法を考えていきたい。

それには、ただ「○○になるぞ！」とか「○○になりたい」と口にするだけでなく、そのための**手段をできるだけ具体的にノートに書いていく**のだ。そうすれば理想の自分に近づくための方法が見えてくるはずだ。

要領は、前項の「10年計画」ノートと同じで、**「理想の自分」**と**「現実の自分」**をそれぞれ**ノート1ページに書き込んでいく**のである。

●「現実の自分」と「理想の自分」を書き出してみよう

〈理想の自分〉

〈現実の自分〉

〈例〉

- 「話す力」をつける
- 「情報収集力」を磨く
- 「思考力」を高める

↓ 具体的に

●「話す力」をつける

・もっと多くの人と会って話す
・仕事がデキる
　ビジネスパーソンの
　プレゼンを研究する

●「情報収集力」を磨く

・気になったことはきちんと調べる
　クセをつける
・新聞を毎日読む
・話題のスポットには必ず足を運ぶ

●「思考力」を高める

・本を読む
・自分の考えを文章にしてみる

生活パターンも変えてみる
今の自分に足りていないことは何か…

戦略を細分化すれば課題の先送りを防げる

1日は誰にとっても24時間ある。「時は金なり」というが、同じ24時間をどのように使うかはその人しだいである。

だが、もったいないことに多くの人は、やりたいことがあるのに仕事に忙殺されてしまい、それがどんどん先送りになってしまっている。とくに、明確な期限を持たないプライベートに関する事柄はこの状態に陥りやすい。

ある経営者がいうように「日本人は金銭的なコストは気にするくせに、時間というコストに関しては無頓着である」といわれる。もっと「時間」というコストに敏感にならなければ、本当に充実した人生とは何かを知らないまま一生を終えてしまうことになりかねない。それを防ぐには、**やるべきことの内容を最小単位に落とし込む**ことだ。そのうえで、ノートにまとめておく。

たとえば、海外で仕事がしたいと思っているのなら、「語学力を磨く」→「TOEIC

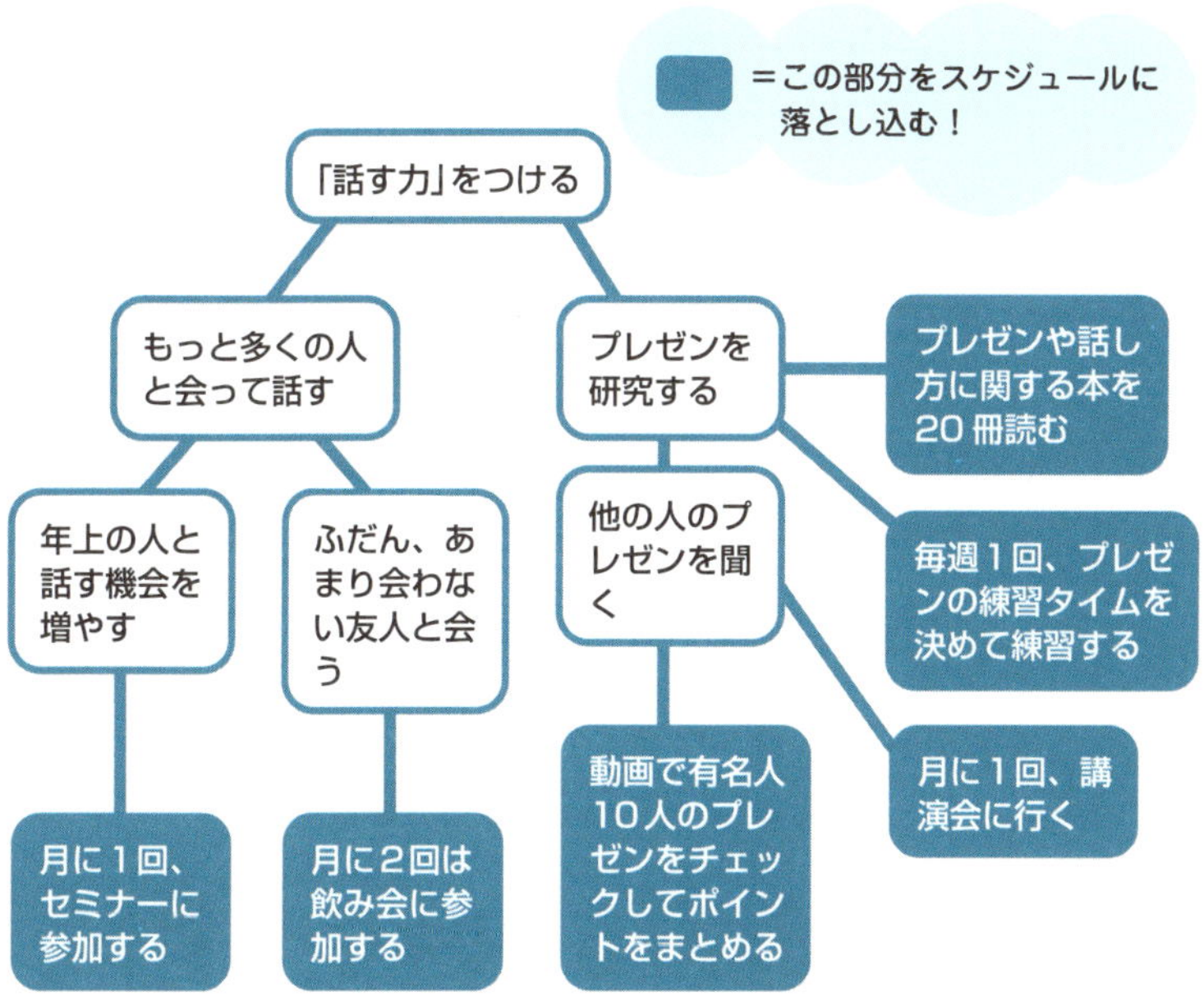

で800点をめざす」→「毎日勉強する」→「通勤時間にリスニングCDを聴く」というように、どんどん内容を具体的にしていく。

ここでいう最小単位というのは、最後の「通勤時間にリスニングCDを聴く」という部分である。

これと同じように、**先に立てた戦略を可能な限り細分化して実行することが、課題の先送りを防ぐポイント**になるのだ。

このように、戦略をより細分化していくことで専門性が高まるうえ、不得意分野も明確になってくるのである。

戦略を細分化して書き出してみよう

失敗を今後に生かす「反省日記」をつける

さて、180ページで書き出した内容をノートに落とし込み、さらに実践的なノートをつくってみたい。それには失敗を今後に生かせる「反省日記」をつけるのだ。

自分の前に立ちはだかる壁を乗り越えるというのは、まさに〝言うは易し、行うは難し〟で、何度も失敗を重ねてはじめてようやく乗り越えられるものだ。

そこでノートには、その**失敗もすべて書き残しておく**ことを忘れないようにしたい。失敗した状況や原因、改善すべき点などを事細かに書き、いつでも目を通せるようにしておくのだ。

すると、ノートをめくるたびに自分が成長していることが実感できるだけでなく、どれくらいの時間をかけて壁を乗り越えてきたのかもわかる。反省日記は**自身の成長記録にもなる**のだ。

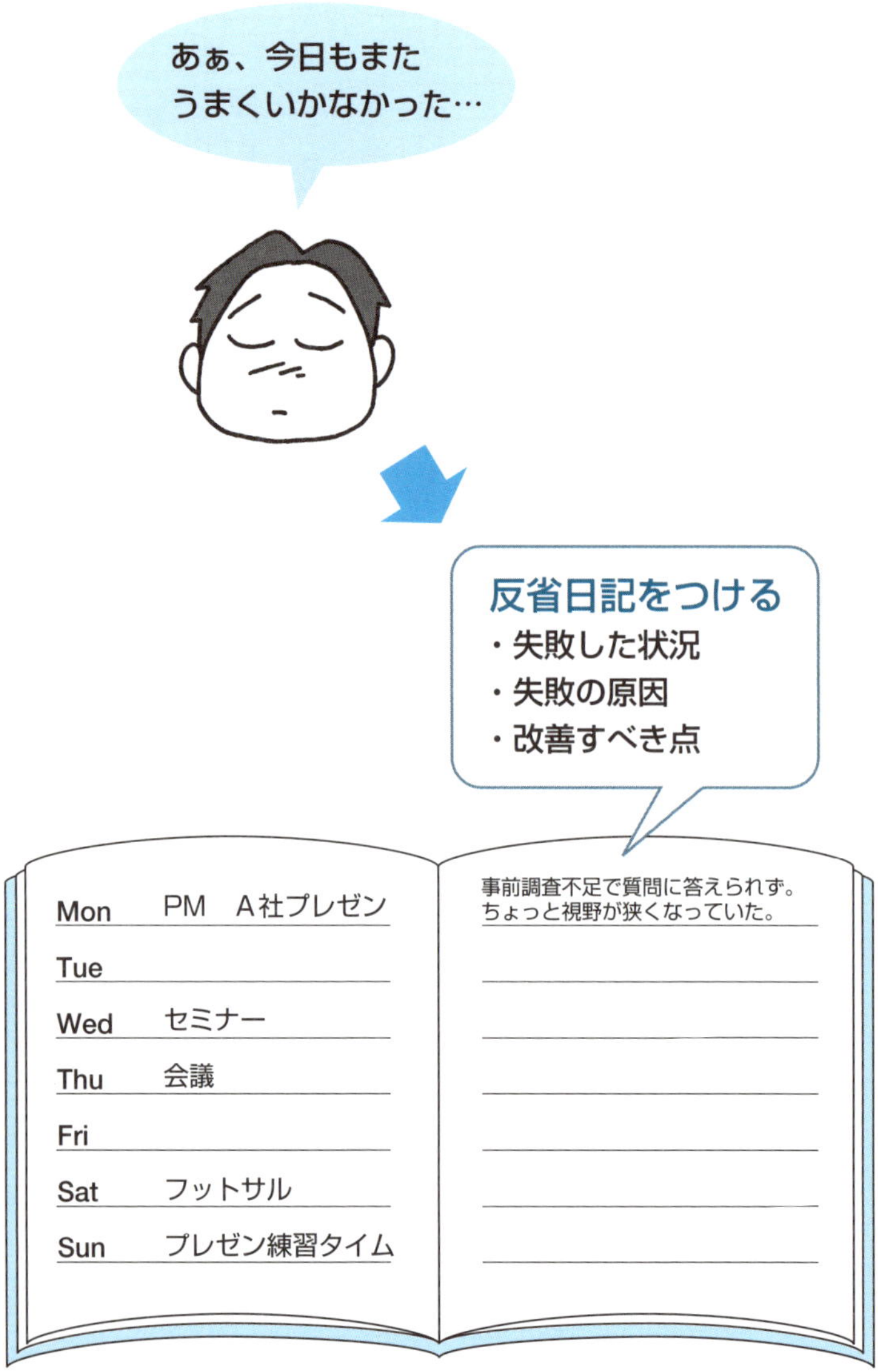
あぁ、今日もまた
うまくいかなかった…
反省日記をつける
・失敗した状況
・失敗の原因
・改善すべき点
Mon PM A社プレゼン
Tue
Wed セミナー
Thu 会議
Fri
Sat フットサル
Sun プレゼン練習タイム
事前調査不足で質問に答えられず。
ちょっと視野が狭くなっていた。

自分の1年を振り返る「たな卸しノート」を作る

反省日記をつけたら、今度は**1年間を振り返ったときの自分のイメージを絵や言葉で表現してみたい**。ノートを1ページずつめくれば自分がわかるようにしておくのだ。

年末や年度末ともなれば「大掃除をしなくては…」と反射的に考えてしまうものだ。自分の部屋、リビング、キッチン、職場のデスクなど、大掃除や整理整頓が必要な場所はいろいろあるが、同じように忘れずに整理しておきたいのが「自分自身」の行動や考え方の整理整頓だ。

人間は自分のことはなかなか客観視できない。だから、こんな方法で自分自身を振り返ってみるのだ。

まず、この1年でとった自分の行動や、そのとき感じたこと、そのほかにもやり残したこと、うれしかったこと、今の自分に当てはまる言葉などを、思いつくままノートに書いたりイラストにしてみるのである。

自分を変えたいけど、
どうすればいいのかわからない

ずっとこのままなのはイヤだ

だけど、どうすれば…？

まずは、自分自身を「たな卸し」する

最終的には、その**ノートを見れば「自分の1年」がすべて表現されている**のが理想だ。

完成したそのページを改めて見て「納得した1年だった」と言い切れるようなら、もうこの先は読まなくてもいいかもしれない。

だが、そこに少しでも実現できなかったことや不平、不満、反省などが書かれていたら、自分を変える余地がまだまだあるということだ。

これが、**自分自身を「たな卸し」する**ということである。この作業によって、今後の自分に必要なものや不要なものが見えてくるはずだ。

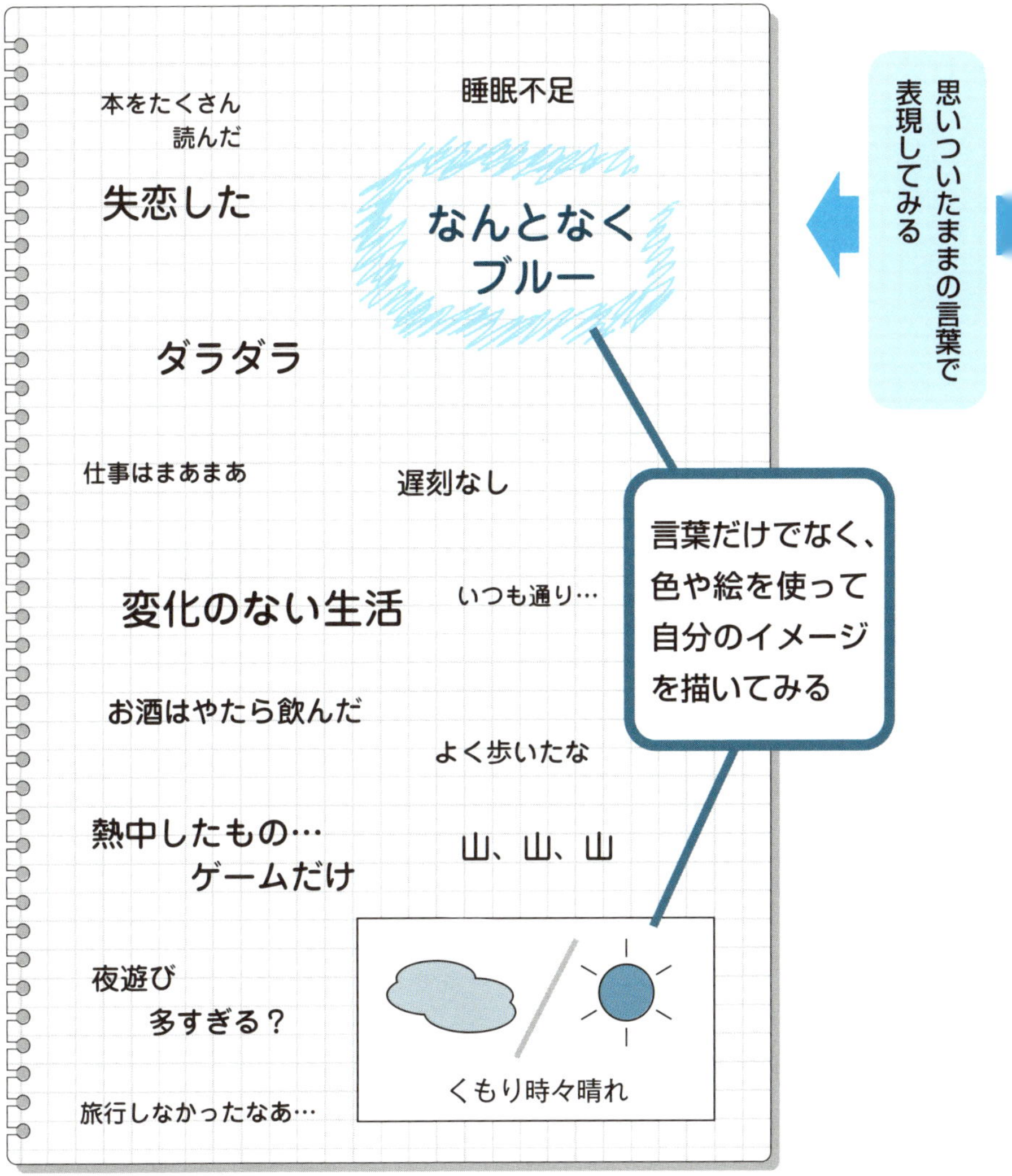
本をたくさん
読んだ
睡眠不足
失恋した
なんとなく
ブルー
思いついたままの言葉で表現してみる
ダラダラ
仕事はまあまあ
遅刻なし
言葉だけでなく、
色や絵を使って
自分のイメージ
を描いてみる
変化のない生活
いつも通り…
お酒はやたら飲んだ
よく歩いたな
熱中したもの…
ゲームだけ
山、山、山
夜遊び
多すぎる？
くもり時々晴れ
旅行しなかったなあ…

“ダメな自分”を変える「はじめの1歩」を踏み出す

新しい世界に足を踏み入れるときは、不安と期待が入り混じった心境になるものだ。そこで大事なのは、「はじめの1歩」である。この最初の第1歩をどう踏み出すかで、その後の方向がある程度決定づけられてしまうからだ。

たとえば、陸上競技の三段跳びもホップ・ステップ・ジャンプの最初の「ホップ」で失敗すれば、その跳躍は伸びない。結果はどうであれ、少なくとも第1歩を正しく、確実に踏み出せれば、2歩目、3歩目は自然と歩めるようになるのだ。

では、あなたの第1歩目は何なのか。それは、**現段階で自分にもっとも足りないと感じる「プラスアルファの要素」**である。

まずは、それを手に入れることで新たな自分へのスタートを切ろう。恐れず、また思考を止めずに行動することで、何かが少しずつ変わっていくはずである。

自分が好きな自分 ＋ α

＝

自分を変えるための「第１歩」

たとえば…

- 生活習慣を変えるために、朝６時に起きる
- つい、はまってしまうゲームを処分して読書習慣をつける
- 心と体の贅肉を落とすためにスポーツを始める
- いらないモノに囲まれた部屋を一掃するために引っ越す

…など

そして、「第１歩」が決定したら、

①実行する日
②実行日前後の段取りや予定

をノートに書き入れる

小さな〝変化〟を見逃さない「気づき」ノートを作る

「第1歩」の実行日や段取り、予定をノートに書き写したら、さらに実践的なノートをつくってみたい。昨日、1週間前、1カ月前の自分と変わった点を書き出していくのだ。

今までの習慣を変えるのはそう簡単なことではない。しかし、自ら起こした行動によって自分が変わっていくことが実感できれば、その変化を楽しむことができるようになる。

そこでノートに、以前の自分と変わった点をどんどん書き込んでいこう。

「体重が落ちた」とか「部屋が片付いていないと落ち着かなくなった」「よく笑うようになった」など、**どんな小さな変化も見逃さずに書き留めていく**のだ。

これを習慣化すれば、確実に**今までのダメな自分を克服することができる**ようになる。

今までは気づきもしなかったさまざまな〝真実〟が見えてくることで、自分をさらに高めたいという気持ちも引き出せる。

自分を内面から変えていくためにしっかりと記録していこう。

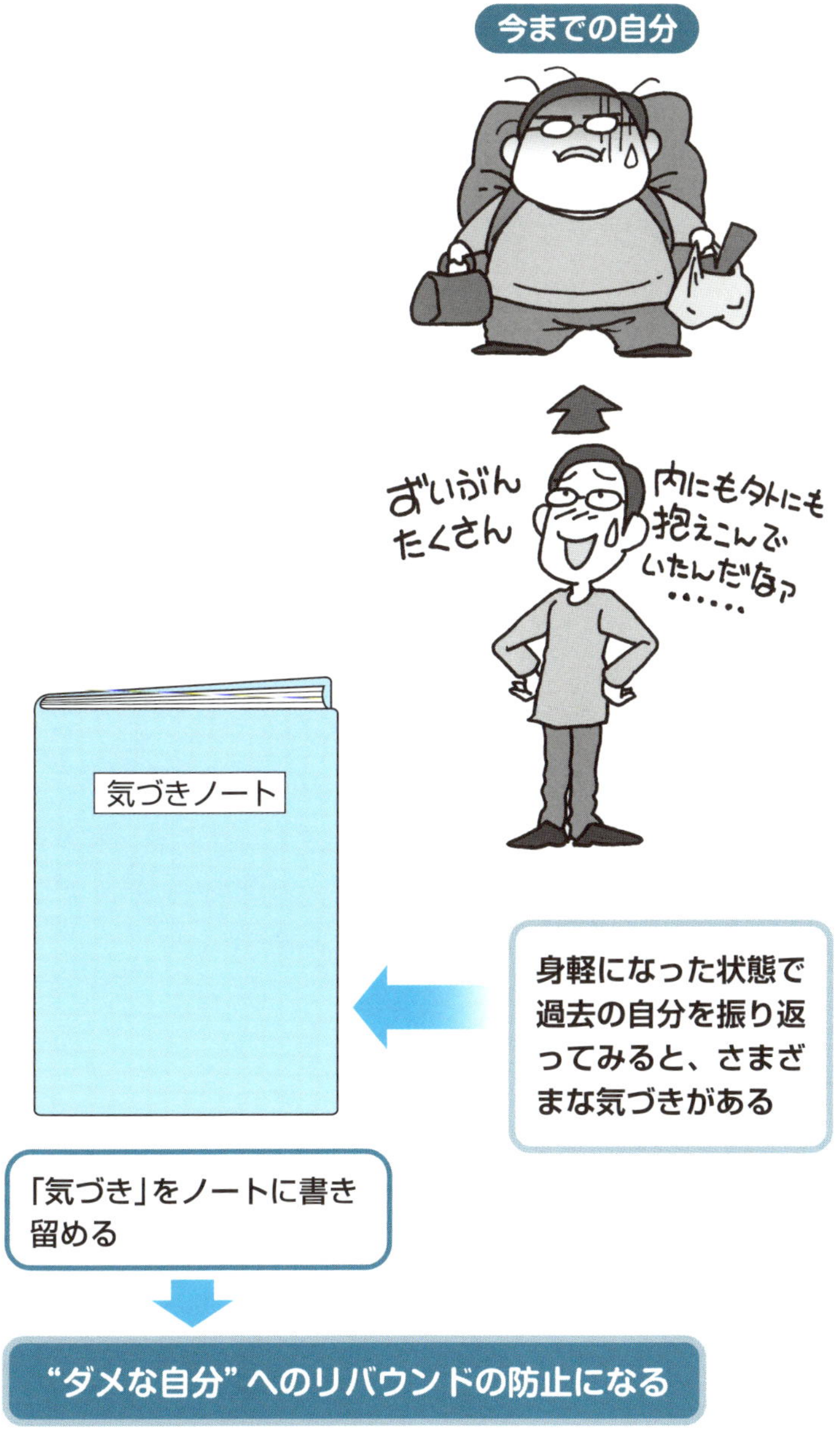
今までの自分
ずいぶんたくさん
内にも外にも抱えこんでいたんだなァ……
気づきノート
身軽になった状態で過去の自分を振り返ってみると、さまざまな気づきがある
「気づき」をノートに書き留める
“ダメな自分”へのリバウンドの防止になる

●本書の執筆にあたり左記の文献等を参考にさせていただきました。

『一冊の手帳で夢は必ずかなう』（熊谷正寿／かんき出版）、『仕事で差がつくメモ術・ノート術』（本田尚也／ぱる出版）、『仕事・勉強・人生のすべてが劇的に変わる！ 奇跡のノート術』（長崎快宏／PHP研究所）、『システム手帳の極意』（舘神龍彦／技術評論社）、『アタマが良くなる合格ノート術』（田村仁人／ディスカヴァー・トゥエンティワン）、『STUDY HACKS！』（小山龍介／東洋経済新報社）、『超右脳活用ノート』（七田眞／PHP研究所）、『自分の考えを「5分でまとめ」「3分で伝える」技術』（和田秀樹／新講社）、『紙とネットのハイブリッド仕事術』（ビジネススキル向上委員会／ソフトバンククリエイティブ）、『図解「人脈力」の作り方』（内田雅章／講談社）、『シンプルプレゼンの技術』（小宮清／日本能率協会マネジメントセンター）、『伝える力』（久恒啓一・知的生産の技術研究会編／すばる社）、『あなたの知らない脳の使い方・育て方』（デイビッド・ギャモン＆アレン・D・ブラグドン／誠文堂新光社）、『「プレゼン」の基本＆実践力がイチから身につく本』（鶴野充茂／すばる舎）、『仕事が劇的にうまくいく情報収集力』（久我勝利／成美堂出版）、『頭をよくする　ちょっとした「習慣術」』（和田秀樹／祥伝社）、『観察力をつける〈知のノウハウ〉』（小川明／日本経済新聞社）、『「分かりやすい説明」の技術　最強のプレゼンテーション15のルール』（藤沢晃治／講談社）、『なぜか、「仕事がうまくいく人」の習慣　世界中のビジネスマンが学んだ成功の法則』（ケリー・グリーソン著、楡井浩一訳／PHP研究所）、『考えないヒント　アイデアはこうして生まれる』（小山薫堂／幻冬舎）、『短時間で成果をあげる　できる人の勉強法』（安河内哲也／中経出版）、『大人のスピード勉強法　時間がない人の66の具体例』（中谷彰宏／ダイヤモンド社）、『一瞬で伝える「わかりやすさ」の技術』（齊藤孝／大和書房）、『〔図解〕自分の考えをしっかり伝える技術』（八幡紕芦史／PHP研究所）、『1分で大切なことを伝える技術』（齊藤孝／PHP研究所）、『アイデアを形にして伝える技術』（原尻淳一／講談社）、『「成功脳」に変わる本』（トマス・レナード、堀紘一訳／三笠書房）、『夢を実現する戦略ノート』（ジョン・C・マクスウェル、斉藤孝訳／三笠書房）、『「幸せ力」をつける、ちょっとした生活術』（斎藤茂太／マガジンハウス）、『〈決定版〉プロの仕事術』（『THE21』編集部編／PHP研究所）、『THE21　2008.1　2008.8』（PHP研究所）、『DIME　2008.3.18』（小学館）、『Associé　2005.9.20　2006.6.6　2008.8.5　2008.9.2』（日経BP社）、『SPA！　2008.7.1』（扶桑社）、『ダカーポ　2004.12.1』（マガジンハウス）、『プレジデント　2002.7.29、2006.1.30、2006.6.21』（プレジデント社）、『週刊ダイヤモンド　2005.6.11、2005.4.2』（ダイヤモンド社）、『週刊 東洋経済　2008.6.21』（東洋経済新報社）、ほか
〈ホームページ〉日経BPネット、日本経済新聞社、ほか

本書は、『できる大人の「モノの使い方」』、『たった3分で人生が変わる 秘密の自分ノート』、『この一冊で「読む力」と「書く力」が面白いほど身につく！』『仕事ができる人の整理術』『しごとのきほん大全』（いずれも小社刊）をもとに、改題のうえ、再編集したものです。

編者紹介

知的生活追跡班
忙しい現代人としては、必要な情報だけすぐ欲しい、タメになることだけ知りたい、と思うもの。けれど実際、世の中そう簡単にはいかない…。そんなニーズに応えるべく結成された。
本書では、できる大人はやっているワンランク上のノート術を徹底解説。このノートの使い方をモノにすれば、ビジネスから日常生活まで上手くいくこと間違いなし！

奇跡《きせき》を起《お》こすたった1ページのノート術《じゅつ》

2017年4月10日　第1刷

編　　者　知的生活追跡班《ちてきせいかつついせきはん》

発 行 者　小 澤 源 太 郎

責任編集　株式会社 プライム涌光
電話　編集部　03(3203)2850

発 行 所　株式会社 青春出版社
東京都新宿区若松町12番1号〒162-0056
振替番号　00190-7-98602
電話　営業部　03(3207)1916

印刷・大日本印刷　製本・大口製本

万一、落丁、乱丁がありました節は、お取りかえします

ISBN978-4-413-11212-3 C0030